Blechkuchen

Inhalt

Glücklichmacher für jeden Tag

Manche Kuchen versüßen das Leben - und das Tag für Tag. Ihr Geheimnis ist ihr Geschmack in Kombination mit einer einfachen Zubereitung. Schwelgen Sie in diesem Kapitel in Frucht- und Schokoladenkompositionen, die garantiert auch bei Ihnen in Zukunft öfter auf dem Tisch stehen werden!

Tipp
Der Kuchen schmeckt besonders gut, wenn er am Vortag gebacken wird und ziehen kann.

Apfel-Schokokuchen vom Blech

***Für ca. 24 Stücke:** 350 g Butter, 350 g Puderzucker, 6 Eier, 2 P. Vanillezucker, 2 Tl gemahlener Zimt, 60 g Kakaopulver, 750 g Äpfel, 350 g Mehl, 1 P. Backpulver, 200 g dunkle Kakaoglasur, 2-3 El Mandelstifte zum Bestreuen*

Die Butter cremig quirlen, durchgesiebten Puderzucker nach und nach unterarbeiten. Die Eier einzeln dazuquirlen, dann Vanillezucker, Zimt und Kakao unterrühren.

Den Backofen auf 200 °C vorheizen. Äpfel schälen, entkernen und grob raffeln. Mehl und Backpulver vermischen, durchsieben und mit den Äpfeln unter die Eiermasse rühren. Ein Backblech mit Backpapier auslegen und den Teig daraufstreichen. 40-50 Minuten backen, dann auskühlen lassen.

Die Kakaoglasur nach Packungsanleitung vorbereiten und auf dem Kuchen verteilen. Mit Mandelstiften bestreuen.

Zubereitungszeit:
ca. 35 Minuten
(plus Back- und Abkühlzeit)

Pro Stück ca. 315 kcal/1319 kJ

Saftiger Apfelkuchen

Für ca. 20 Stücke: für den Teig 5 Eier, 190 g Butter, 225 g Zucker, 1 Prise Salz, 225 g Mehl, für den Belag 1 kg Äpfel, etwas Zitronensaft, 500 ml Milch, 50 g Zucker, 1 P. Vanillepuddingpulver, 1 Ei, 1 Eigelb, für den Guss 250 g Schmand, 50 g Zucker, 2 P. Vanillezucker, 3 Eier, außerdem Butter und Semmelbrösel für das Blech, Zucker zum Bestreuen

Den Backofen auf 175 °C vorheizen. Ein tiefes Backblech einfetten und mit Semmelbröseln ausstreuen. Die Eier trennen und die Eiweiße steif schlagen. Bis zur weiteren Verwendung kalt stellen. Die Butter zerlassen und etwas abkühlen lassen. Eigelbe mit Zucker und Salz cremig rühren. Das Mehl unterrühren, anschließend die flüssige Butter einrühren. Den Eischnee daraufgeben und unterheben.

Für den Belag die Äpfel schälen, vierteln, das Kerngehäuse entfernen und die Äpfel in dünne Spalten schneiden. Mit Zitronensaft beträufeln. Aus Milch, Zucker und Puddingpulver nach Packungsanweisung einen Pudding kochen. Ei und Eigelb miteinander verquirlen und zügig unter den heißen Pudding rühren.

Den Teig auf das Backblech streichen. Zuerst den heißen Pudding, dann die Apfelspalten darauf verteilen. Schmand, Zucker, Vanillezucker und Eier verquirlen. Den Guss über die Äpfel gießen und den Kuchen auf der unteren Schiene 40–45 Minuten backen. Den heißen Kuchen sofort mit Zucker bestreuen.

Zubereitungszeit:
ca. 50 Minuten
(plus Backzeit)

Pro Stück ca. 308 kcal/1290 kJ

Aprikosenkuchen mit Feigen

Für ca. 20 Stücke: für den Teig 400 g Mehl, 1 geh. Tl Backpulver, 1 Prise Salz, 200 g Quark (Magerstufe), 100 g Zucker, 150 ml Milch, 100 ml Sonnenblumenöl, für den Belag 6 reife Feigen, 700 g Aprikosen, ca. 2 cm Ingwerwurzel, 50 g kandierter Ingwer, 500 g Mascarpone, 4 Eier, Salz, 100 g Zucker, 2 ½ El Speisestärke, 100 g Mandelblättchen, außerdem Mehl für die Arbeitsfläche

Ein Backblech mit Backpapier auslegen, den Backofen auf 180 °C vorheizen. Für den Teig alle Zutaten miteinander verrühren, dann auf einer bemehlten Arbeitsfläche ausrollen. Das Backblech mit Backpapier belegen, dann den Teig darauflegen. Dabei einen Rand formen.

Für den Belag die Feigen waschen, trocknen, putzen und das Fruchtfleisch in Spalten schneiden. Die Aprikosen waschen, trocknen, entkernen und das Fruchtfleisch ebenfalls in Spalten schneiden. Ingwer schälen und fein hacken, kandierten Ingwer ebenfalls fein hacken und beides mit dem Mascarpone, den Eiern, 1 Prise Salz, dem Zucker und der Speisestärke verquirlen.

Mascarponemasse auf den Teigboden streichen, die Früchte dicht an dicht darauf verteilen. Die Mandelblättchen darüberstreuen und alles ca. 45 Minuten in den Ofen schieben. Den Kuchen auf dem Blech abkühlen lassen.

Zubereitungszeit:
ca. 40 Minuten
(plus Back- und Abkühlzeit)

Pro Stück ca. 280 kcal/1172 kJ

Kirschkuchen mit Marzipan

Für ca. 20 Stücke: 1,5 kg Sauerkirschen (ersatzweise 3 Gläser à 350 g Abtropfgewicht), 220 g Marzipanrohmasse, 220 g weiche Butter, 200 g Zucker, 2 P. Vanillezucker, 1 Prise Salz, 5 Tropfen Bittermandelaroma, abgeriebene Schale von 1 unbehandelten Zitrone, 220 g Naturjoghurt, 150 g Hartweizengrieß, 7 Eier, 300 g Mehl, 1 gehäufter Tl Backpulver, 100 g Mandelstifte, außerdem Butter für das Backblech, Puderzucker zum Bestäuben

Ein Backblech mit Butter einfetten, den Backofen auf 180 °C vorheizen. Die frischen Kirschen waschen, trocknen, die Stiele entfernen und die Früchte entsteinen. Kirschen aus dem Glas in ein Sieb geben und abtropfen lassen.

Marzipanrohmasse hacken und mit der weichen Butter, dem Zucker, Vanillezucker und 1 Prise Salz ca. 10 Minuten glatt und leicht schaumig rühren. Dann das Bittermandelaroma, die Zitronenschale, Joghurt und Hartweizengrieß dazugeben und alles gut vermengen.

Nach und nach die Eier unter den Teig rühren. Das Mehl mit Backpulver mischen, zum Teig geben und ebenfalls unterrühren. Den Teig auf das Backblech streichen, die Kirschen darauf verteilen und die Mandelstifte darüberstreuen.

Den Kuchen im Ofen ca. 55 Minuten backen, dann herausnehmen, auf dem Blech abkühlen lassen und vor dem Servieren mit Puderzucker bestäuben.

Zubereitungszeit:
ca. 40 Minuten
(plus Backzeit)

Pro Stück ca. 375 kcal/1570 kJ

Butterkuchen mit Mandeln

Für ca. 20 Stücke: für den Teig 200 ml Milch, 500 g Mehl, 1 Würfel frische Hefe (42 g), 75 g Zucker, 75 g Butter, 1 Ei, Salz, für den Belag 150 g Butter, 75 g Zucker, 1 P. Vanillezucker, 100 g Mandelblättchen, außerdem Fett für das Blech und Mehl für die Arbeitsfläche

Milch erwärmen. Mehl in eine große Rührschüssel sieben. In die Mitte des Mehls eine Mulde drücken. Hefe hineinbröckeln. 1/2 Tl Zucker darüberstreuen. Hefe mit etwas lauwarmer Milch und etwas Mehl vom Rand verrühren. Etwas Mehl darüberstäuben. Vorteig etwa 10 Minuten zugedeckt an einem warmen Ort gehen lassen.

Die Butter in der restlichen Milch zerlassen. Den restlichen Zucker, das Ei, die lauwarme Flüssigkeit und 1 Prise Salz zu dem Teig geben. Alles verkneten, bis der Teig nicht mehr klebt. Teig in die Schüssel geben und mit einem Küchentuch bedeckt an einem warmen Ort etwa 60 Minuten gehen lassen, bis er sich verdoppelt hat.

Backofen auf 190 °C vorheizen. Teig auf einer bemehlten Arbeitsfläche noch einmal kräftig durchkneten. Backblech einfetten und den Teig darauf ausrollen. Für den Belag die Hälfte der Butter schmelzen und über den Teig pinseln, die restliche Butter in Flöckchen darauf verteilen. Zucker und Vanillezucker mischen und darüberstreuen. Zum Schluss die Mandeln gleichmäßig auf dem Teig verteilen. Den Kuchen 20–25 Minuten auf der mittleren Schiene backen.

Zubereitungszeit:
ca. 20 Minuten
(plus Back- und Gehzeit)

Pro Stück ca. 240 kcal/1005 kJ

Vanillekuchen mit Nüssen

Für ca. 20 Stücke: für den Teig 5 Eier, 190 g Butter, 225 g Zucker, 1 P. Vanillezucker, abgeriebene Schale von 1 unbehandelten Zitrone, 1 Prise Salz, 225 g Mehl, für den Belag 15 g Ingwer, 125 g Walnüsse, 150 g Butter, 100 g Zucker, 125 g gehackte Mandeln, 2 Vanilleschoten, 50 ml Milch, außerdem Butter und Semmelbrösel für das Blech

Den Backofen auf 225 °C vorheizen. Ein Backblech einfetten und mit Semmelbröseln bestreuen. Die Eier trennen und die Eiweiße steif schlagen. Bis zur weiteren Verwendung kalt stellen.

Die Butter in einem flachen Topf schmelzen und etwas abkühlen lassen. Eigelbe mit Zucker, Vanillezucker, Zitronenabrieb und Salz cremig quirlen. Das Mehl unterrühren, anschließend die flüssige Butter einrühren. Den Eischnee auf den Teig geben und unterheben.

Den Teig auf das Blech streichen und auf der mittleren Schiene ca. 10 Minuten vorbacken. Herausnehmen und den Backofen auf 175 °C herunterschalten.

In der Zwischenzeit für den Belag den Ingwer schälen und fein hacken. Walnüsse ebenfalls hacken. Butter, Zucker, gehackte Walnüsse und Mandeln in einer Pfanne unter Rühren anrösten und goldgelb karamellisieren lassen. Vanilleschoten längs halbieren, das Mark herauskratzen und mit der Milch verrühren. Vanillemilch mit dem Ingwer in die Pfanne geben und alles gut verrühren. Die Masse auf dem Teig verteilen und den Kuchen noch einmal 15–20 Minuten backen.

Zubereitungszeit:
ca. 50 Minuten
(plus Backzeit)

Pro Stück ca. 325 kcal/1361 kJ

Schnelles Obstblech

***Für ca. 24 Stücke:** 250 g Mehl, 240 g Zucker, 1 gehäufter Tl Backpulver, 1 Prise Salz, 250 g weiche Butter, 20 Aprikosen, 1 Vanilleschote, 4 Eier, 80 ml Milch, außerdem 3 El Zucker zum Bestreuen, Butter für das Backblech*

Den Backofen auf 160°C vorheizen, ein Backblech einfetten. Mehl, Zucker, Backpulver und das Salz in eine Schüssel sieben, in der Mitte eine Mulde bilden. In diese Mulde die weiche Butter geben. Die Aprikosen waschen, trocknen, halbieren und entsteinen.

Die Vanilleschote längs aufschneiden, das Mark herauskratzen und dieses zusammen mit den Eiern und der Milch verquirlen. Die Eiermilch auf die Butter geben und alles zusammen mit dem Mehl und dem Zucker ca. 3 Minuten zu einem glatten Teig rühren.

Den Teig auf das Backblech gießen und gleichmäßig verteilen. Die Aprikosen mit der Schnittfläche nach oben gleichmäßig auf dem Teig verteilen und leicht in den Teig drücken. Den Kuchen ca. 40 Minuten backen. Nach der Hälfte der Backzeit mit Zucker bestreuen.

Zubereitungszeit:
ca. 30 Minuten
(plus Backzeit)

Pro Stück ca. 195 kcal/816 kJ

Rhabarberkuchen mit Marzipan

Für ca. 20 Stücke: für den Teig 200 g Marzipanrohmasse, 225 g weiche Butter, 150 g Zucker, 1 P. Vanillezucker, 1 Prise Salz, 6 Eier, 375 g Mehl, 1 P. Backpulver, 3 El Milch, für den Belag 1,5 kg Rhabarber, außerdem Butter und Mehl für das Backblech, Puderzucker zum Bestäuben

Das Backblech einfetten und mit Mehl bestäuben. Den Backofen auf 175 °C vorheizen. Den Rhabarber für den Belag waschen, abtrocknen, putzen und in ca. 1,5 cm lange Stücke schneiden.

Für den Teig die Marzipanrohmasse in Würfel schneiden. Butter mit Zucker, Vanillezucker, Salz und Marzipan verquirlen. Nach und nach die Eier zum Teig geben und unterrühren. Mehl mit Backpulver mischen und über die Eiercreme sieben. Zusammen mit der Milch mit einem Kochlöffel zügig unterrühren.

Den Teig auf dem Backblech verteilen und glatt streichen. Den Rhabarber auf dem Teig verteilen. Den Kuchen auf der mittleren Schiene ca. 35 Minuten backen, dann aus dem Ofen nehmen und vollständig auskühlen lassen. Vor dem Servieren mit Puderzucker bestäuben.

Zubereitungszeit:
ca. 40 Minuten
(plus Backzeit)

Pro Stück ca. 268 kcal/1122 kJ

Orangen-Käsekuchen

Für ca. 24 Stücke: für den Mürbeteig 200 g kalte Butter, 400 g Mehl, 100 g Zucker, 1 Prise Salz, 2 Eier; für den Belag 4 unbehandelte Orangen, 1 Vanilleschote, 150 g weiche Butter, 150 g Zucker, 5 Eier, 1 Prise Salz, 500 g Magerquark, 500 g Mascarpone, 1 P. Vanillepuddingpulver zum Kochen, 2 El Orangenlikör, 4 El Orangenmarmelade, außerdem Mehl für die Arbeitsplatte, Butter für den Backrahmen

Für den Mürbeteig die kalte Butter in Stückchen schneiden und mit den anderen Zutaten für den Teig zügig verkneten. In Folie wickeln und für ca. 30 Minuten kühl stellen. Den Backofen auf 175 °C vorheizen.

Für den Belag die Orangen heiß waschen und trocknen. Schale von 2 Orangen fein abreiben. Die Vanilleschote längs aufschneiden und das Mark herauskratzen. Ein Backblech mit Backpapier auslegen, einen Backrahmen einfetten und darumstellen. Die weiche Butter mit dem Zucker schaumig rühren. Die Eier trennen. Eiweiße mit Salz steif schlagen. Eigelbe nach und nach zur Buttermasse rühren. Quark und Mascarpone dazugeben und verrühren. Vanillemark, Puddingpulver und Orangenabrieb mit dem Orangenlikör dazugeben. Alles verrühren. Den Eischnee unterheben.

Den Mürbeteig auf einer bemehlten Arbeitsplatte ausrollen. Das Backblech belegen und einen kleinen Rand formen. Den Boden mehrfach mit einer Gabel einstechen. Die Orangenmarmelade darauf verteilen. Die Quarkmasse daraufgießen. Auf der mittleren Schiene ca. 45 Minuten backen. Die Orangen schälen und die Früchte in Scheiben schneiden. Auf Küchenkrepp legen. Nach der Hälfte der Backzeit auf dem Kuchen verteilen.

Zubereitungszeit:
ca. 45 Minuten
(plus Backzeit)

Pro Stück ca. 341 kcal/1432 kJ

Butterkuchen mit Aprikosen

Tipp
Ersetzen Sie außerhalb der Saison die Aprikosen durch Mangos oder Dosenaprikosen.

***Für ca. 24 Stücke:* 1 Würfel frische Hefe (42 g), 130 g Zucker, 200 ml Milch, 500 g Mehl, Salz, 2 Eier, 250 g Butter, ½ Vanilleschote, 50 g Puderzucker, 750 g Aprikosen, 3 El Mandelblättchen, Butter für das Blech, Mehl zum Ausrollen**

Die Hefe zerbröckeln. Mit 2 Esslöffeln Zucker und der lauwarmen Milch verrühren. Ca. 10 Minuten abgedeckt gehen lassen. Das Mehl, 80 g Zucker, 1 Prise Salz, die Eier und 50 g weiche Butter hinzufügen und alles mit dem Vorteig zu einem geschmeidigen Teig verarbeiten. Zugedeckt an einem warmen Ort etwa 45 Minuten gehen lassen.

Den Hefeteig auf einer bemehlten Arbeitsfläche ausrollen und auf ein gefettetes Backblech legen. Weitere 30 Minuten zugedeckt an einem warmen Ort gehen lassen.

Die Vanilleschote längs aufschneiden und das Mark herauskratzen. Die restliche weiche Butter mit dem Puderzucker und dem Vanillemark cremig rühren. Die Vanillebutter in einen Spritzbeutel mit mittlerer Lochtülle füllen. Die Aprikosen waschen und trocken tupfen. Die Früchte halbieren und entsteinen. Den Backofen auf 200 °C vorheizen.

Mit den Fingern Vertiefungen in den aufgegangenen Teig drücken. Die Vanillebutter in die Vertiefungen spritzen und die Aprikosenhälften auf dem Teig verteilen. Die Mandelblättchen und den restlichen Zucker darüberstreuen. Den Kuchen im Backofen etwa 20 Minuten backen.

***Zubereitungszeit:* ca. 45 Minuten (plus Back- und Gehzeit)**

Pro Stück ca. 209 kcal/875 kJ

Schoko-Birnenkuchen

Für ca. 20 Stücke: 10 Birnen, 3 Zitronen (den Saft davon), 100 g Butter, 8 Eier, 250 g Zucker, 2 P. Vanillezucker, 3 El Mehl, 3 El Speisestärke, 70 g Kakao, 1 ½ Tl Backpulver, 100 g gemahlene Haselnüsse, 100 g gehackte Haselnüsse, 1 Tl Zimt, ¼ Tl Nelkenpulver

Die Birnen schälen, halbieren und das Kerngehäuse entfernen. Die Birnenhälften in 250 ml Wasser mit dem Zitronensaft etwa 5 Minuten köcheln und abtropfen lassen. Den Backofen auf 190 °C vorheizen.

Die Butter zerlassen. Die Eier trennen. Eigelbe, 125 g Zucker, Vanillezucker und 2 Esslöffel heißes Wasser schaumig schlagen. Die Butter unterrühren. Eiweiße steif schlagen und dabei den restlichen Zucker nach und nach einrieseln lassen. Mit der Eigelbmasse mischen.

Das Mehl mit der Speisestärke, dem Kakao und dem Backpulver mischen und auf die Eimasse sieben. Nüsse, Zimt- und Nelkenpulver daraufgeben und alles locker unterheben.

Den Teig auf ein mit Backpapier ausgelegtes Backblech geben. Die Birnenhälften darauflegen. Im Backofen etwa 30 Minuten backen.

Zubereitungszeit:
ca. 30 Minuten
(plus Gar- und Backzeit)

Pro Stück ca. 249 kcal/1043 kJ

Kirschkuchen vom Blech

Für ca. 20 Stücke: 250 g weiche Butter, 200 g Zucker, 1 P. Vanillezucker, 5 Eier, 375 g Mehl, 1 P. Backpulver, ca. 2 El Milch, 2 El Kirschwasser, 800 g entsteinte Sauerkirschen (aus dem Glas) oder 1 kg frische Sauerkirschen, außerdem Puderzucker zum Bestäuben, Fett für das Blech

Den Backofen auf 200 °C vorheizen. Die weiche Butter mit dem Zucker und dem Vanillezucker mindestens so lange schaumig rühren, bis sich die Zuckerkristalle vollständig aufgelöst haben. Dann nach und nach die Eier hinzufügen.

Das Mehl mit dem Backpulver mischen und unter die Eier-Butter-Masse rühren. So viel Milch zugeben, dass ein geschmeidiger halbfester Teig entsteht. Den Teig mit dem Kirschwasser aromatisieren. Das Backblech einfetten.

Die Kirschen in einem Sieb abtropfen lassen. Frische Kirschen waschen, abtropfen lassen und entsteinen. Die Kirschen unter den Teig heben. Den Teig auf dem Backblech verteilen und auf der mittleren Schiene etwa 35 Minuten backen. Abkühlen lassen und kurz vor dem Servieren mit Puderzucker bestäuben.

Zubereitungszeit:
ca. 20 Minuten
(plus Backzeit)

Pro Stück ca. 266 kcal/1114 kJ

Nuss-Marzipan-Schnitten

Für ca. 24 Stücke: 300 g weiche Butter, 300 g Puderzucker, 1 P. Vanillezucker, 8 Eier, 6 El brauner Rum, 200 g dunkle Schokolade (70 % Kakaoanteil), 200 g gemahlene Haselnüsse, 160 g Mehl, 1 Tl Backpulver, 4 El Aprikosenkonfitüre, 400 g Marzipanrohmasse, 150 g dunkle Kakaoglasur

Für den Teig die Butter mit Puder- und Vanillezucker cremig rühren. Die Eier trennen. Eigelbe nach und nach in die Butter-Zucker-Mischung rühren, dann 3 Esslöffel Rum unterrühren.

Backofen auf 180 °C vorheizen. Schokolade im warmen Wasserbad schmelzen und auf Handwärme abkühlen lassen. Mehl mit dem Backpulver mischen und durchsieben. Etwas flüssige Schokolade in die Eiermasse einrühren, dann abwechselnd die Mehlmischung, Haselnüsse und Schokolade einrühren.

Ein Backblech mit Backpapier auslegen. Den Teig daraufstreichen und ca. 25 Minuten backen. Kuchen auf einem Kuchengitter auskühlen lassen.

Die Konfitüre durch ein Sieb in einen kleinen Topf streichen, mit dem restlichen Rum verrühren, erhitzen und auf den Kuchen streichen. Die Marzipanrohmasse auf Frischhaltefolie in Größe des Kuchens ausrollen. Über den Kuchen legen. Kakaoglasur nach Packungsanleitung vorbereiten und auf den Kuchen streichen. Erkalten lassen und in ca. 24 gleich große Stücke schneiden.

Zubereitungszeit:
ca. 30 Minuten
(plus Back- und Abkühlzeit)

Pro Stück ca. 415 kcal/1738 kJ

Saftiger Orangenkuchen

***Für ca. 20 Stücke:** 250 g Butter, 300 g Zucker, 8 Eier, 500 g Mehl, 2 Tl Backpulver, 1 Prise Salz, 8 Orangen, 500 g Mascarpone, 5 El Orangenlikör, Butter für die Form*

Den Backofen auf 180°C vorheizen. Ein Backblech einfetten. Die Butter mit 200 g Zucker schaumig rühren. 6 Eier nach und nach unterrühren. Das Mehl mit dem Backpulver und dem Salz verrühren und hinzufügen. Alles zu einem Rührteig verarbeiten.

Die Orangen heiß waschen, trocken tupfen und schälen. Die Filets herausschneiden und den Saft dabei auffangen. Vorsichtig unter den Teig heben. Den Teig auf das Backblech streichen.

Mascarpone mit dem restlichen Zucker verrühren. Restliche Eier hinzufügen und gut verrühren. Aufgefangenen Orangensaft (höchstens 200 ml) und Likör nach und nach einfließen lassen. Die Masse über die Orangenfilets streichen. Kuchen im Ofen etwa 30 Minuten backen. Kalt oder lauwarm servieren.

Zubereitungszeit:
ca. 30 Minuten
(plus Back- und Kühlzeit)

Pro Stück ca. 390 kcal/1633 kJ

Aromatische Mohnschnitten

Für ca. 24 Stücke: für den Teig 400 g Mehl, 2 Tl Backpulver, 300 g Butter, Salz, 2 P. Vanillezucker, 400 g Speisequark (20 %), für den Belag 300 g gemahlener Mohn, 200 g Zucker, 2 P. Vanillezucker, 1 Tl abgeriebene Schale von 1 unbehandelten Zitrone, 100 g Rosinen, 10 El Milch, 2 Eier, 120 g Puderzucker

Das Mehl mit dem Backpulver mischen, die Butter in Flöckchen dazugeben und alles zusammen mit 1 Prise Salz, Vanillezucker und dem Speisequark zu einem glatten Teig verkneten. In Folie wickeln und ca. 30 Minuten ruhen lassen. Ein Backblech mit Butter einfetten, den Backofen auf 180 °C vorheizen.

Den Teig halbieren und die erste Hälfte auf einer bemehlten Arbeitsplatte ausrollen. Das Backblech belegen und einen kleinen Rand formen.

Für die Füllung Mohn mit Zucker, Vanillezucker, Zitronenschale, Rosinen und der heißen Milch verrühren. Auf dem Teigboden verteilen. Den restlichen Teig ausrollen und in ca. 2 cm dicke Streifen schneiden. Diese gitterartig über dem Mohn verteilen.

Die Eier verquirlen und das Teiggitter damit einpinseln. Ca. 45 Minuten im Ofen backen. Den Puderzucker mit wenig Wasser anrühren und den ausgekühlten Kuchen damit beträufeln.

Zubereitungszeit: ca. 30 Minuten (plus Backzeit)

Pro Stück ca. 306 kcal/1281 kJ

Möhren-schnitten

***Für ca. 20 Stücke:** für den Teig 500 g Möhren, 1 unbehandelte Orange, 200 g gemahlene Mandeln, 200 g gemahlene Haselnüsse, 5 Eier, 190 g Butter, 225 g Zucker, 1 Prise Salz, 225 g Mehl, für die Glasur 5 El Milch, 200 g Puderzucker, außerdem Butter und Semmelbrösel für das Blech*

Die Möhren waschen, schälen, putzen und fein raspeln. Die Orange waschen, trocken reiben, die Schale dünn abreiben und den Saft auspressen. Möhrenraspel, Orangenschale, Mandeln und Haselnüsse mischen.

Den Backofen auf 175 °C vorheizen. Ein Backblech einfetten und mit Semmelbröseln ausstreuen. Die Eier trennen und die Eiweiße steif schlagen. Bis zur weiteren Verwendung kalt stellen.

Die Butter zerlassen und etwas abkühlen lassen. Eigelbe mit Zucker und Salz cremig rühren. Die Möhrenmischung und den Orangensaft einrühren. Zuerst das Mehl, anschließend die flüssige Butter unterrühren. Den Eischnee auf den Teig geben und unterheben.

Den Teig gleichmäßig auf das Blech streichen und ca. 40 Minuten backen. Auskühlen lassen. In der Zwischenzeit für die Glasur die Milch leicht erwärmen und mit dem Puderzucker glatt rühren. Gleichmäßig auf den ausgekühlten Kuchen streichen und trocknen lassen.

Zubereitungszeit:
ca. 30 Minuten
(plus Back- und Abkühlzeit)

Pro Stück ca. 425 kcal/1779 kJ

Sommerlicher Pfirsichkuchen

***Für ca. 20 Stücke:** 1 kg Magerquark, 250 g weiche Butter, 350 g Zucker, 1 P. Vanillezucker, abgeriebene Schale von 1 unbehandelten Limette, 6 Eier, 8 El Grieß, 2 P. Vanillepuddingpulver, 1 Prise Salz, 1,5 kg reife Pfirsiche, 125 g Quittengelee, Butter und Paniermehl für das Blech*

Den Quark in einem Küchentuch gut ausdrücken. Die weiche Butter mit dem Zucker schaumig schlagen. Vanillezucker und Limettenschale dazugeben. Die Eier trennen. Eigelbe nach und nach unter die Butter-Zucker-Masse rühren. Quark, Grieß und Vanillepuddingpulver unter die Eiercreme heben. Eiweiße mit Salz steif schlagen und unter die Quarkmasse heben.

Ein Backblech einfetten und mit Paniermehl ausstreuen. Den Backofen auf 175 °C vorheizen. Die Pfirsiche überbrühen, häuten, halbieren und die Steine entfernen.

Die Quarkcreme auf dem Backblech verteilen. Die Pfirsichhälften darauflegen. Den Kuchen im Backofen etwa 60 Minuten backen. 15 Minuten im ausgeschalteten Backofen ruhen lassen. Das Quittengelee erwärmen, glatt rühren und den noch warmen Kuchen damit bestreichen.

*Zubereitungszeit:
ca. 35 Minuten
(plus Back- und Ruhezeit)*

Pro Stück ca. 282 kcal/1181 kJ

Variation
300 g Mehl, 200 g Butter und 150 g Zucker verkneten und als Streusel über den Kuchen verteilen.

Pflaumenkuchen mit Guss

Für ca. 20 Stücke: für den Teig 200 ml Milch, 1 Würfel Hefe (42 g), 50 g Zucker, 400 g Mehl (Type 550), 1 P. Vanillezucker, 1 Prise Salz, 1 zimmerwarmes Ei, 50 g Butter, für den Belag 2,5 kg Pflaumen, für den Guss 100 g weiche Butter, 150 g Zucker, 2 Eier, 500 g Magerquark, 1 P. Vanillepuddingpulver, 125 ml Milch, außerdem weiche Butter für das Backblech, Mehl für die Arbeitsfläche, Hagelzucker zum Bestreuen

Für den Hefeteig die Hälfte der Milch in einem Topf erwärmen. Lauwarm in eine Schüssel gießen. Die Hefe hineinbröckeln und mit 1 Teelöffel Zucker und 2 Esslöffeln Mehl verrühren. Abdecken und ca. 30 Minuten ruhen lassen.

Das restliche Mehl in eine Schüssel sieben. Mit restlichem Zucker, Vanillezucker und Salz verrühren. Das Ei hinzugeben. Die Butter zerlassen und lauwarm dazugießen. Die restliche Milch lauwarm dazugießen. Die Hefemischung dazugeben und alles glatt verkneten. Den Teig in einer abgedeckten Schüssel an einem warmen Ort ca. 1 Stunde gehen lassen.

Für den Belag die Pflaumen waschen, trocken reiben, halbieren und entsteinen. Ein tiefes Backblech einfetten. Den Teig durchkneten und auf einer bemehlten Arbeitsfläche etwas größer als das Backblech ausrollen. Auf das Blech legen, dabei einen Rand hochziehen. Die Pflaumen mit der dunklen Seite nach unten auf dem Teig verteilen. Weitere 15 Minuten gehen lassen.

Den Backofen auf 200 °C vorheizen. Für den Quarkguss die Butter mit dem Zucker schaumig rühren. Die Eier nach und nach darunterquirlen. Den Quark unterrühren. Vanillepuddingpulver mit der Milch darunterquirlen. Über die Pflaumen gießen. Auf der mittleren Schiene ca. 30 Minuten backen. Herausnehmen, sofort mit Hagelzucker bestreuen und abkühlen lassen.

Zubereitungszeit:
ca. 30 Minuten
(plus Back-, Geh- und Abkühlzeit)

Pro Stück ca. 270 kcal/1130 kJ

Käsekuchen mit Äpfeln

Für ca. 24 Stücke: für den Belag 1 unbehandelte Zitrone, 1,8 kg Äpfel, 2 Eier, 1 Prise Salz, 150 g zimmerwarme Butter, 150 g Zucker, 1 P. Vanillezucker, 500 g Magerquark, 1 P. Vanillepuddingpulver zum Kochen, für den Teig 250 g Mehl, 2 TL Backpulver, 1 Prise Salz, 125 g zimmerwarme Butter, 100 g Zucker, 1 P. Vanillezucker, 3 Eier, außerdem Fett für den Backrahmen, 250 g Quittengelee

Die Zitrone heiß waschen und trocknen. Die Hälfte der Schale fein abreiben. Die Frucht auspressen. Äpfel schälen, Kerngehäuse entfernen und das Fruchtfleisch in Spalten schneiden. Mit der Zitronenschale und dem -saft in einer Schüssel vermengen. Ein Backblech mit Backpapier auslegen und einen gefetteten Backrahmen darumstellen. Den Backofen auf 200 °C vorheizen.

Die Eier trennen. Eiweiße mit Salz steif schlagen und kalt stellen. Die Butter mit Zucker und Vanillezucker schaumig rühren. Nach und nach die Eigelbe unterrühren. Quark und Puddingpulver unterrühren.

Für den Teig Mehl, Backpulver und Salz in einer Schüssel vermischen. Die Butter mit Zucker und Vanillezucker schaumig rühren. Nach und nach die Eier unterrühren. Nun die Mehlmischung unterrühren. Den Teig auf das Backblech geben und glatt streichen. Die Hälfte der Apfelspalten darauf verteilen.

Eischnee unter die Quarkmasse heben. Die Quarkmasse über die Äpfel geben. Glatt streichen und die restlichen Apfelspalten darauf verteilen. Auf der unteren Einschubleiste des Backofens ca. 50 Minuten backen. Quittengelee aufkochen. Auf den noch heißen Kuchen streichen und abkühlen lassen.

*Zubereitungszeit:
ca. 50 Minuten
(plus Backzeit)*

Pro Stück ca. 266 kcal/1114 kJ

Tipp
Mischen Sie die Mandelblättchen auch mal mit Zimtzucker oder weißen Schokoraspeln!

Leichte Schnitten mit Mandelhaube

Für ca. 20 Stücke: für den Teig 360 g Mehl, 1 P. Backpulver, 150 g Zucker, 1 P. Vanillezucker, 200 ml Buttermilch, 3 Eier, für die Mandelkruste 200 g Mandelblättchen, 40 g Zucker, 100 g Butter, 200 ml Sahne, außerdem Butter für das Backblech

Ein Backblech mit Butter ausstreichen, den Backofen auf 200 °C vorheizen. Mehl mit Backpulver mischen und zusammen mit allen anderen Teigzutaten ca. 2 Minuten zu einem glatten Teig rühren. Den Teig auf das Blech gießen.

Die Mandelblättchen mit Zucker mischen und auf dem Teig verteilen. Alles ca. 25 Minuten backen. Butter mit Sahne aufkochen und die Mischung über den noch heißen Kuchen träufeln. Abkühlen lassen und servieren.

Zubereitungszeit: ca. 20 Minuten (plus Backzeit)

Pro Stück ca. 237 kcal/992 kJ

Quark-Kirsch-Kuchen

***Für ca. 20 Stücke:** 450 g Blätterteig (TK), 4 Eier, 500 g Magerquark, 200 g Zucker, Saft von ½ Zitrone, 2 cl Rum, 1 P. Vanillepuddingpulver, 1 kg Sauerkirschen, 2 El Puderzucker*

Den Blätterteig nach Packungsanweisung auftauen. Den Backofen auf 200 °C vorheizen. Ein Backblech mit Backpapier auslegen und mit dem Teig belegen. Ränder gut andrücken, Teig mit der Gabel mehrfach einstechen.

Im vorgeheizten Backofen ca. 10 Minuten vorbacken. Eier trennen. Eigelbe mit Quark, 150 g Zucker, Zitronensaft, Rum und Puddingpulver verrühren. Eiweiße mit restlichem Zucker steif schlagen und unter die Quarkmasse heben.

Quarkcreme auf den Teig streichen. Kirschen waschen, trocknen, entsteinen und auf der Creme verteilen. Bei 180 °C im vorgeheizten Backofen 35–40 Minuten backen. Nach dem Abkühlen mit Puderzucker bestäuben.

Zubereitungszeit:
ca. 35 Minuten
(plus Backzeit)

Pro Stück ca. 167 kcal/699 kJ

Feine Reineclauden-Wähe

Für ca. 20 Stücke: 250 g Quark, 90 g Butter, 200 g Mehl, 2 Tl Backpulver, 3 El Zucker, 1 Prise Salz, 750 g Reineclauden, 4 El Amaretto, 2 El Puderzucker, 50 g Amarettini, 250 g Schmand, 2 Eier, 2 El Zucker, außerdem Puderzucker zum Bestreuen, Mehl zum Ausrollen

Quark, Butter, Mehl, Backpulver, Zucker und Salz mischen, gut durchkneten und den Teig abgedeckt etwa 60 Minuten kühl stellen.

Die Reineclauden waschen, trocknen, halbieren, entsteinen und mit Amaretto und Puderzucker mischen. Den Backofen auf 180°C vorheizen. Den Teig auf einer bemehlten Arbeitsfläche in Größe eines Backblechs ausrollen. Backblech mit Backpapier auslegen und den Teig darauflegen. Die Amarettini zerbröseln und auf den Teig streuen. Für den Guss Schmand mit Eiern und Zucker schaumig rühren.

Die Reineclauden auf dem Teig verteilen, dabei einen etwa 1,5 cm breiten Rand stehen lassen. Den Guss darüber verteilen. Kuchen im Ofen etwa 20 Minuten backen. Nach dem Backen mit Puderzucker bestreuen. Lauwarm servieren.

Zubereitungszeit:
ca. 30 Minuten
(plus Back- und Kühlzeit)

Pro Stück ca. 178 kcal/745 kJ

Walnusskuchen mit Reis

Für ca. 20 Stücke: für den Teig 300 g Speisequark, 8 El Öl, 2 Eier, Salz, 100 g Zucker, 4 El Milch, 400 g Mehl, ½ Tl Backpulver, für den Belag 150 g Reis, 350 ml Milch, 1 Tropfen Vanillearoma, 2 El Margarine, 2 Eigelb, 3 P. Vanillezucker, 150 g gehackte Walnüsse, 3 Eiweiß, außerdem Fett für das Blech

Für den Belag Reis mit Milch in einen Topf geben, aufkochen und das Vanillearoma dazugeben. Ca. 15 Minuten ziehen lassen. Inzwischen für den Teig den Quark leicht ausdrücken. Mit Öl, Eiern, 1 Prise Salz, Zucker und Milch glatt verkneten.

Mehl und Backpulver mischen, sieben und unter die Quarkmasse kneten, bis ein glatter Teig entsteht. Etwa 10 Minuten in der abgedeckten Schüssel ruhen lassen.

Backofen auf 180 °C vorheizen. Backblech einfetten. Die Margarine mit den Eigelben und dem Vanillezucker schaumig rühren. Die Walnüsse unterheben. Die Eiweiße steif schlagen. Die Reismasse mit der Eigelbmasse vermengen. Den Eischnee unterheben.

Den Teig nochmals durchkneten. Dann auf der leicht bemehlten Arbeitsfläche ausrollen und das Backblech damit auslegen. Die Masse auf den Teig streichen und auf der mittleren Einschubleiste ca. 40 Minuten backen.

Zubereitungszeit:
ca. 40 Minuten
(plus Backzeit)

Pro Stück ca. 252 kcal/1060 kJ

Tipp

Belegen Sie die Ricottamasse auch einmal mit Aprikosen, Kirschen oder Blaubeeren.

Ricotta-Schnitten

Für ca. 20 Stücke: für den Teig 250 g Mehl, 150 g Butter, 75 g Zucker, 1 P. Vanillezucker, 300 g TK-Blätterteig, für den Belag 4 Eier, Salz, 250 g Magerquark, 500 g Ricotta, 125 g Zucker, 1 P. Vanillepuddingpulver, 100 ml Orangensaft, abgeriebene Schale von 1 unbehandelten Zitrone, außerdem Butter für den Backrahmen, Mehl für die Arbeitsfläche, 2 El Milch, 1 El Aprikosenkonfitüre, 50 g Mandelblättchen

Für den Boden Mehl mit Butter, Zucker und Vanillezucker verkneten. In Folie wickeln und ca. 30 Minuten kalt stellen. Den Backofen auf 190 °C vorheizen. Ein Backblech mit Backpapier auslegen, den Teig auf einer bemehlten Arbeitsfläche ausrollen. Auf das Backblech geben und einen Backrahmen darumlegen. Den Teig mehrfach mit einer Gabel einstechen und ca. 7 Minuten vorbacken. Herausnehmen und abkühlen lassen.

Die Blätterteigplatten antauen lassen und übereinanderlegen. Auf einer bemehlten Arbeitsplatte ca. 3 mm dick ausrollen und in ca. 3 cm breite Streifen schneiden. Die Hitze des Backofens auf 180 °C reduzieren.

Für den Belag die Eier trennen. Eiweiße mit 1 Prise Salz steif schlagen und kühl stellen. Eigelbe mit Magerquark, Ricotta, Zucker, Vanillepuddingpulver, Orangensaft und den Zitronenschalenzesten verrühren. Dann in 2 Portionen den Eischnee unterheben und alles auf dem Kuchenboden verteilen. Blätterteig gitterartig über die Ricottamasse legen und mit der Milch bestreichen. Im Ofen ca. 1 Stunde backen. Falls der Kuchen zu dunkel wird, lose mit Alufolie abdecken.

Die Aprikosenkonfitüre mit 1 Esslöffel Wasser erhitzen, glatt rühren und den noch warmen Kuchen damit bepinseln. Mit Mandelblättchen bestreuen, dann abkühlen lassen.

Zubereitungszeit:
ca. 50 Minuten
(plus Back- und Kühlzeit)

Pro Stück ca. 288 kcal/1209 kJ

Schneller Traubenkuchen

***Für ca. 16 Stücke:** 700 g kernlose Weintrauben (weiß oder blau nach Geschmack), 250 g Zucker, 200 g Butter, 4 Eier, 2 El Grieß, 1 P. Vanillepuddingpulver, 1 kg Magerquark*

Ein Backblech mit Backpapier auslegen, den Backofen auf 180 °C vorheizen. Die Weintrauben waschen, verlesen und trocken tupfen.

Zucker mit der weichen Butter ca. 10 Minuten schaumig schlagen, dann nach und nach die Eier, Grieß, Vanillepuddingpulver und Magerquark unterrühren.

Die Quarkmasse auf dem Backblech verteilen, glatt streichen und die Trauben gleichmäßig auf dem Teig verteilen. Leicht andrücken und alles ca. 40 Minuten im Ofen backen. Falls der Kuchen zu dunkel wird, mit Alufolie abdecken.

Zubereitungszeit:
ca. 30 Minuten
(plus Backzeit)

Pro Stück ca. 276 kcal/1156 kJ

Tipp
Lecker schmecken auch 500 g Heidelbeeren statt der Rosinen.

Suhler Rahmkuchen

Für ca. 20 Stücke: für den Teig 500 g Mehl, 50 g Zucker, Salz, 100 g Butter, 30 g Hefe, 200 ml lauwarme Milch, für den Belag 1 l Milch, 100 g Zucker, 2 P. Vanillepuddingpulver, 800 g Rosinen, für den Guss 3 Eier, 3 El Zucker, 500 g Crème double, außerdem Mehl für die Arbeitsfläche, Fett für das Blech

Für den Teig das Mehl mit Zucker, 1 Prise Salz und Butter in eine Schüssel geben. Hefe in der lauwarmen Milch auflösen und nach und nach unter die Mehlmischung kneten. So lange kneten, bis der Teig Blasen wirft und sich vom Schüsselrand löst. Den Teig zugedeckt mindestens 60 Minuten gehen lassen.

Teig kräftig durchkneten und auf einer bemehlten Arbeitsfläche ausrollen. Ein gefettetes Backblech damit belegen, nochmals etwa 15 Minuten zugedeckt gehen lassen. Den Backofen auf 200 °C vorheizen.

Für den Belag aus Milch, Zucker und Puddingpulver einen Pudding kochen und diesen lauwarm auf den Teig streichen. Die gewaschenen und abgetropften Rosinen auf dem Pudding verteilen.

Für den Guss die Eier mit dem Zucker und Crème double verrühren. Auf dem Kuchen verteilen. Im vorgeheizten Backofen bei 200 °C etwa 45 Minuten backen.

Zubereitungszeit:
ca. 30 Minuten
(plus Back- und Gehzeit)

Pro Stück ca. 429 kcal/1803 kJ

Zwetschgen-Kuchen

Für ca. 20 Stücke: *für den Teig 200 ml Milch, 500 g Mehl, 30 g Hefe, 80 g Zucker, 50 g Butter, 1 P. Vanillezucker, Salz, 1 Ei, für den Belag 3 kg Zwetschgen, Zucker zum Bestreuen außerdem Fett für das Blech*

Milch erwärmen. Mehl in eine große Rührschüssel sieben. In die Mitte eine Mulde drücken. Hefe hineinbröckeln. 1 Teelöffel Zucker darüberstreuen. Hefe mit etwas lauwarmer Milch und etwas Mehl vom Rand zu einem dicken Brei verrühren. Etwas Mehl darüberstäuben. Vorteig etwa 10 Minuten zugedeckt an einem warmen Ort gehen lassen.

Butter in der restlichen Milch zerlassen. Restlichen Zucker, Vanillezucker, die lauwarme Flüssigkeit, 1 Prise Salz und das Ei zu dem Teig geben und glatt verkneten. Gegebenenfalls noch etwas Mehl unterkneten. Teig in die Schüssel geben und mit einem Küchentuch bedeckt an einem warmen Ort etwa 1 Stunde gehen lassen, bis sich sein Volumen verdoppelt hat. Teig noch einmal gut mit den Händen durchkneten.

Backblech einfetten und den Teig darauf ausrollen. Backofen auf 200 °C vorheizen. Für den Belag die Zwetschgen waschen, mit einem Tuch trocken reiben, entsteinen und halbieren. Die Zwetschgenhälften dachziegelartig auf den Teig legen. Den Teig nochmals etwa 10 Minuten an einem warmen Ort gehen lassen.

Dann 20–30 Minuten auf der mittleren Schiene backen. Den Kuchen abkühlen lassen und nach Belieben mit Zucker bestreuen.

Zubereitungszeit:
ca. 40 Minuten
(plus Back- und Gehzeit)

Pro Stück ca. 201 kcal/845 kJ

Schwedischer Apfelkuchen

Für ca. 20 Stücke: für den Teig 5 Eier, 190 g Butter, 1 Vanilleschote, 225 g Zucker, 1 Prise Salz, 250 g Mehl, für den Belag 1,5 kg säuerliche Äpfel, außerdem Butter und Semmelbrösel für das Blech, 5 El Zucker, 2 Tl Zimt

Den Backofen auf 175 °C vorheizen. Ein Backblech einfetten und mit Semmelbröseln ausstreuen. Die Eier trennen und die Eiweiße steif schlagen. Bis zur weiteren Verwendung kalt stellen.

Die Butter zerlassen und etwas abkühlen lassen. Die Vanilleschote längs halbieren und das Mark herauskratzen. Eigelbe mit Zucker, Vanillemark und Salz cremig rühren. Das Mehl unterrühren, anschließend die flüssige Butter einrühren. Eischnee daraufgeben und unterheben.

Für den Belag die Äpfel waschen, schälen, die Kerngehäuse entfernen und die Äpfel in Stücke schneiden. Den Teig auf das Backblech streichen und die Apfelstücke darauflegen. Zucker und Zimt miteinander vermengen und gleichmäßig darüberstreuen. Den Kuchen auf der mittleren Schiene 35–45 Minuten backen.

Zubereitungszeit:
ca. 35 Minuten
(plus Backzeit)

Pro Stück ca. 233 kcal/976 kJ

Fruchtige Beerenschnitten

Für ca. 20 Stücke: 100 g Butter, 2 El Quark, 130 g brauner Zucker, 4 Eier, 1 Tl Zimt, ½ Tl gemahlene Muskatnuss, 1 Prise Salz, 100 g gemahlene Haselnüsse, 100 g gehackte Haselnüsse, 200 g Mehl, ½ P. Backpulver, 100 ml Sahne, 400 g TK-Waldbeeren, Puderzucker zum Bestäuben

Ein Backblech mit Backpapier auslegen, den Backofen auf 190 °C vorheizen. Weiche Butter mit Quark, Zucker, Eiern und allen Gewürzen schaumig rühren. Dann die gemahlenen Haselnüsse und die Hälfte der gehackten unterrühren. Mehl mit Backpulver mischen, über den Teig sieben und alles mit der Sahne zu einer glatten Masse rühren.

Die gefrorenen Beeren unter den Teig mischen und alles auf das Blech streichen. Mit den gehackten Haselnüssen bestreuen und ca. 25 Minuten backen. Mit Puderzucker bestäubt servieren.

Zubereitungszeit:
ca. 20 Minuten
(plus Backzeit)

Pro Stück ca. 212 kcal/888 kJ

Würzige Schnitten

Für ca. 20 Stücke: 5 El Instant-Kaffeepulver, 300 g Zucker, 80 g Kakaopulver, 350 g Sultaninen, 250 g Butter, 130 g Puderzucker, 2 P. Vanillezucker, 6 Eier, 1 Prise Salz, je 2 Tl gemahlener Zimt und Muskatblüte, je 1 Tl gemahlene Nelken und Kardamom, 4 cl Rum, 500 g Mehl, 2 Tl Backpulver, außerdem Puderzucker zum Bestäuben

Das Kaffeepulver in einem Topf mit 500 ml Wasser verrühren. Zucker, Kakaopulver und Sultaninen hinzugeben und alles aufkochen. Ca. 15 Minuten köcheln, dann abkühlen lassen.

Backofen auf 180 °C vorheizen. Ein Backblech mit Backpapier auslegen. Butter mit Puderzucker und Vanillezucker schaumig quirlen. Eier einzeln hinzuquirlen, dann Salz, Gewürze und Rum hinzugeben. Mehl mit Backpulver mischen und darübersieben, dann mit der Kaffeelösung unterrühren. Den Teig auf das Blech streichen und auf der mittleren Schiene ca. 30 Minuten backen. Abkühlen lassen und mit Puderzucker bestäubt servieren.

Zubereitungszeit:
ca. 20 Minuten
(plus Abkühl- und Backzeit)

Pro Stück ca. 365 kcal/1532 kJ

Schneller Zwetschgendatschi

Für ca. 20 Stücke: 500 g Mehl, 1 Tl Backpulver, 1 Prise Salz, 8 El Zucker, 4 Eier, 200 ml Milch, 1,5 kg Zwetschgen, 4 El Butterschmalz, 1 Tl gemahlener Zimt

Den Backofen auf 220 °C vorheizen. Mehl, Backpulver, Salz und 4 Esslöffel Zucker in einer Schüssel miteinander mischen. Eier und Milch verquirlen und dazugeben. Alles zu einem glatten Teig verarbeiten, der zäh vom Löffel fällt.

Die Zwetschgen waschen, trocknen und entsteinen. Das Butterschmalz in der Fettpfanne des Backofens schmelzen. Den Teig hineingeben. Die Zwetschgen dachziegelartig darüber verteilen. Mit restlichem Zucker und Zimt bestreuen und im Ofen etwa 45 Minuten backen.

*Zubereitungszeit:
ca. 20 Minuten
(plus Backzeit)*

Pro Stück ca. 160 kcal/673 kJ

Blaubeer-Kuchen

Für ca. 20 Stücke: für den Teig 200 g Magerquark, 125 g Zucker, 2 Eier, Salz, 9 El Öl, 4 El Milch, 500 g Mehl, 1 P. Backpulver, für den Belag 1 kg Blaubeeren, für den Guss 2 Eier, 200 g saure Sahne, 100 g Zucker, außerdem Fett für das Blech, Mehl für die Arbeitsfläche, 40 g gehackte Pistazien zum Bestreuen

Den Quark in einem Sieb abtropfen lassen und anschließend leicht ausdrücken. In eine Schüssel geben und mit Zucker, Eiern, 1 Prise Salz, Öl und Milch gut verrühren. Mehl und Backpulver mischen, sieben und unter die Quarkmasse kneten. Den Teig zu einer Kugel formen und in der abgedeckten Schüssel etwa 10 Minuten ruhen lassen.

Backofen auf 200 °C vorheizen. Ein tiefes Backblech einfetten. Die Blaubeeren waschen, verlesen und abtropfen lassen. Den Teig nochmals mit den Händen durchkneten. Dann auf der leicht bemehlten Arbeitsfläche zu einem Rechteck ausrollen und das Backblech damit auslegen. Einen Rand hochziehen und leicht andrücken. Die Blaubeeren auf dem Teig verteilen und den Kuchen auf der 2. Einschubleiste von unten etwa 40 Minuten backen.

In der Zwischenzeit für den Guss die Eier mit der sauren Sahne und dem Zucker verrühren. 20 Minuten vor Ende der Backzeit den Guss gleichmäßig auf den Blaubeeren verteilen. Sofort nach dem Herausholen die Pistazien auf dem noch heißen Blaubeerkuchen verteilen. Auf dem Blech abkühlen lassen.

Zubereitungszeit:
ca. 30 Minuten
(plus Back- und Ruhezeit)

Pro Stück ca. 228 kcal/957 kJ

Mandarinen-Joghurt-Kuchen

Für ca. 20 Stücke: für den Teig 300 g Speisequark, 8 El Öl, 2 Eier, 100 g Zucker, 400 g Mehl, ½ Tl Backpulver, 4 El Milch, für den Belag 800 g Mandarinen aus der Dose, 5 Eier, 1 El Speisestärke, 7 El Joghurt, 1 Tl abgeriebene Schale von 1 unbehandelten Zitrone, außerdem Mehl für die Arbeitsfläche

Den Quark abtropfen lassen. In einer Schüssel mit Öl, Eiern und Zucker gut verrühren. Mehl und Backpulver mischen, sieben und mit der Milch unter die Quarkmasse kneten. Den Teig abgedeckt in einer Schüssel etwa 10 Minuten ruhen lassen.

Backofen auf 180 °C vorheizen. Backblech mit Backpapier auslegen. Teig noch einmal durchkneten. Dann auf einer bemehlten Arbeitsfläche ausrollen und auf das Blech legen.

Für den Belag Mandarinen abtropfen lassen. Die Eier trennen. Eigelbe mit Stärke im heißen Wasserbad schaumig schlagen. Zitronenschale und Joghurt dazugeben. Eiweiße steif schlagen und mit den Mandarinen unter die Eigelbmasse heben. Alles auf den Teig streichen und auf der mittleren Schiene etwa 30 Minuten backen.

Zubereitungszeit:
ca. 25 Minuten
(plus Back- und Ruhezeit)

Pro Stück ca. 191 kcal/800 kJ

Rhabarber-Baiserkuchen

Tipp
Lecker schmecken auch Sauerkirschen, Johannisbeeren oder Stachelbeeren.

***Für ca. 24 Stücke:** 1 kg Rhabarber, 200 g Marzipan-Rohmasse, 225 g Butter, 375 g Zucker, 2 P. Vanillezucker, 1 Prise Salz, 6 Eier, 375 g Mehl, 1 P. Backpulver, 3 El Milch, 4 Eiweiß, 1 Tl Zitronensaft, außerdem Puderzucker zum Bestreuen, Butter für die Form*

Den Rhabarber waschen, putzen und in Stücke schneiden. Marzipan klein schneiden. Butter, 125 g Zucker, 1 Päckchen Vanillezucker, Salz und Marzipan schaumig quirlen. Die Eier nach und nach unterrühren.

Mehl und Backpulver mischen und mit der Milch unter die Masse rühren. Den Backofen auf 175 °C vorheizen. Die Fettpfanne des Backofens einfetten und die Teigmasse darauf verteilen, glatt streichen. Den Rhabarber daraufgeben und alles im Ofen etwa 20 Minuten backen.

Eiweiße mit Zitronensaft steif schlagen. Den restlichen Zucker mit dem zweiten Päckchen Vanillezucker zugeben und weiterschlagen, bis sich die Zuckerkristalle aufgelöst haben.

Kuchen aus dem Ofen nehmen und die Baisermasse daraufstreichen. Kuchen wieder in den Ofen geben und weitere 15 Minuten backen, bis das Baiser gestockt ist. Abkühlen lassen. Dann nach Belieben mit Puderzucker bestreuen.

*Zubereitungszeit:
ca. 30 Minuten
(plus Backzeit)*

Pro Stück ca. 261 kcal/1093 kJ

Saftiger Rupfkuchen

***Für ca. 20 Stücke:** für den Teig 500 g Mehl, 100 g Zucker, Salz, 1 P. Vanillezucker, 1 Tl abgeriebene Schale von 1 unbehandelten Zitrone, 150 g weiche Butter, 42 g Hefe, 175 ml lauwarme Milch, für den Belag 500 ml Milch, 250 g Zucker, 1 P. Vanillepuddingpulver, 2 Gläser Sauerkirschen, 125 g Rosinen, 100 g gehackte Mandeln, 250 g Kokosraspeln, 100 g Mehl, 1 Ei, 125 g Butter, 50 g saure Sahne, außerdem Mehl für die Arbeitsfläche, Fett für das Blech*

Für den Teig das Mehl mit Zucker, 1 Prise Salz, Vanillezucker, Zitronenschale und Butter in eine Schüssel geben. Die Hefe in der lauwarmen Milch auflösen und unter die Mehlmischung kneten. So lange kneten, bis der Teig Blasen wirft und sich vom Schüsselrand löst. Den Teig zugedeckt mindestens 60 Minuten gehen lassen. Anschließend kräftig durchkneten und auf einer bemehlten Arbeitsfläche ausrollen. Auf ein gefettetes Backblech legen und zugedeckt ca. 15 Minuten gehen lassen.

Für den Belag aus Milch, 80 g Zucker und dem Puddingpulver einen Pudding kochen und auskühlen lassen. Die Sauerkirschen in einem Sieb abtropfen lassen. Den Backofen auf 175 °C vorheizen. Die Rosinen mit den Mandeln und der Hälfte der Kokosraspeln unter den Pudding heben und die Puddingmasse auf dem Teig verteilen. Darauf die Sauerkirschen geben.

Den restlichen Zucker mit den restlichen Kokosraspeln, dem Mehl, dem Ei, der Butter und der sauren Sahne zu einem Teig verkneten. In Flocken auf den Sauerkirschen verteilen. Den Kuchen im Backofen etwa 40 Minuten goldgelb backen.

Zubereitungszeit:
ca. 45 Minuten
(plus Back- und Gehzeit)

Pro Stück ca. 475 kcal/1989 kJ

Knusperfreude mit Streuseln

Knusprig und zart, süß und verführerisch - Streusel geben Kuchen das besondere Etwas. Ob in Kombination mit Früchten, Quarkmasse, Mohn oder zu saftigem Hefeteig - nach Streuselkuchen kann man wirklich süchtig werden …

Ziegenfrischkäse-Kuchen

***Für ca. 20 Stücke:** 325 g weiche Butter, 450 g Zucker, 40 g gehackte Walnüsse, 1 Msp. gemahlener Zimt, 525 g Mehl, 1 Prise Salz, 4 Eier, 1 kg Magerquark, 500 g Ziegenfrischkäse, 2 P. Vanillezucker, je 375 g blaue und grüne kernlose Trauben, 100 g Quittengelee zum Bestreichen*

250 g Butter, 250 g Zucker, Walnüsse, Zimt, 400 g Mehl und Salz zu Streuseln verkneten. Etwa 2/3 der Streuselmasse auf ein Backblech streuen und mit den Händen zu einem Boden zusammendrücken.

Restliche Butter mit 250 ml Wasser aufkochen. Das restliche Mehl hineinsieben und mit einem Kochlöffel rühren, bis der Teig zu einem glatten Kloß geworden und auf dem Topfboden ein heller Belag zu sehen ist. Den Topf vom Herd nehmen, etwas abkühlen lassen und 1 Ei unterrühren. Den Teig abkühlen lassen. Den Backofen auf 180°C vorheizen.

Restliche Eier trennen. Eigelbe, Quark, Frischkäse, restlichen Zucker und Vanillezucker cremig schlagen. Quarkcreme nach und nach unter den abgekühlten Teig rühren. Eiweiße steif schlagen und unterheben. Den Teig auf den Streuselboden streichen. Die restlichen Streusel diagonal als Streifen auf die Käsecreme streuen. Im Ofen ca. 60 Minuten goldbraun backen.

Die Trauben waschen, abtropfen lassen und von den Stielen zupfen, große Früchte eventuell halbieren. Quittengelee erwärmen und mit den Trauben verrühren. Trauben zwischen die Streuselstreifen auf den fertigen Kuchen verteilen.

Zubereitungszeit:
ca. 40 Minuten
(plus Backzeit)

Pro Stück ca. 443 kcal/1855 kJ

Berliner Kleckselkuchen

Für ca. 20 Stücke: für den Teig 225 ml Milch, 500 g Mehl, 42 g Hefe, 100 g Zucker, 100 g Butter, 1/2 Tl Salz, abgeriebene Schale von 1 unbehandelten Zitrone, für den Belag 100 ml Milch, 150 g gemahlener Mohn, 160 g Zucker, 3 El saure Sahne, 2 Eier, 400 g Speisequark, 2 El Rum, 1 Glas Sauerkirschkonfitüre, für die Streusel 200 g Mehl, 150 g Zucker, 1/2 Tl Zimt, 125 g weiche Butter, außerdem Fett für das Blech

Milch erwärmen. Mehl in eine große Schüssel sieben, in die Mitte eine Mulde drücken, die Hefe hineinbröckeln. 1 Teelöffel Zucker und die Hälfte der lauwarmen Milch dazugeben, alles mit etwas Mehl vom Rand verrühren und mit Mehl bestäuben. Den Vorteig zugedeckt an einem warmen Ort etwa 10 Minuten gehen lassen.

Die Butter in der restlichen Milch auflösen und zusammen mit dem restlichen Zucker, Salz und Zitronenschale in die Schüssel geben und zu einem glatten Teig verarbeiten. Den Teig nochmals etwa 50 Minuten gehen lassen.

Für die Mohnmasse die Milch aufkochen. Den Mohn mit der kochenden Milch übergießen, ca. 30 Minuten quellen lassen. Dann Zucker und die saure Sahne unterrühren. Für die Quarkmasse die Eier trennen. Den Quark mit Eigelben, Zucker, Rum und Zitronenschale verrühren. Eiweiße sehr steif schlagen und unter die Masse ziehen.

Den Backofen auf 220°C vorheizen. Den Hefeteig auf dem gefetteten Backblech ausrollen und nochmals kurz gehen lassen. Die Mohnmasse, die Quarkmasse sowie die Kirschkonfitüre in Klecksen auf dem Teig verteilen.

Für die Streusel das Mehl mit Zucker, Zimt und Butter zu Streuseln krümeln. Über dem Teig verteilen. Den Kuchen auf der mittleren Schiene etwa 25–30 Minuten backen.

Zubereitungszeit:
ca. 1 Stunde
(plus Back-, Geh- und Einweichzeit)

Pro Stück ca. 392 kcal/1695 kJ

Apfelkuchen mit Streuseln

Tipp
Dieser Kuchen schmeckt auch noch 2 Tage nach dem Backen lecker und frisch.

Für ca. 20 Stücke: 600 g Mehl, ½ P. Trockenhefe, 1 Ei, 225 g Zucker, 125 ml Milch, 280 g Butter, 1 Prise Salz, Saft und 1 TL abgeriebene Schale von 1 unbehandelten Zitrone, 1 kg Äpfel, 1 P. Vanillezucker, außerdem Butter für das Blech, Mehl zum Ausrollen

250 g Mehl mit der Trockenhefe, dem Ei, 25 g Zucker, der erwärmten Milch, 30 g Butter, Salz und Zitronenschale zu einem Hefeteig verarbeiten. Den Teig gut durchkneten und abgedeckt an einem warmen Ort etwa 60 Minuten gehen lassen.

Den Teig auf einer bemehlten Arbeitsfläche in Backblechgröße ausrollen und auf das gefettete Blech legen. Erneut 30 Minuten gehen lassen. Den Backofen auf 200 °C vorheizen.

Die Äpfel waschen, schälen, vom Kerngehäuse befreien, in Spalten schneiden und mit Zitronensaft beträufeln. Die Apfelspalten auf dem Teig verteilen.

Aus dem restlichen Mehl, Zucker, Vanillezucker und der Butter Streusel kneten und über dem Kuchen verteilen. Apfelkuchen auf der mittleren Schiene im Ofen etwa 30 Minuten backen.

*Zubereitungszeit:
ca. 35 Minuten
(plus Back- und Gehzeit)*

Pro Stück ca. 211 kcal/883 kJ

Birnen-Streuselkuchen

Für ca. 20 Stücke: für den Teig 5 Eier, 190 g Butter, 225 g Zucker, 1 Prise Salz, 225 g Mehl, für den Belag 6 reife, weiche Birnen, 150 g Zucker, 150 g Butter, 100 g Mehl, 50 g gemahlene Mandeln, 50 g Marzipanrohmasse, außerdem Butter und Semmelbrösel für das Blech

Den Backofen auf 175 °C vorheizen. Ein Backblech einfetten und mit Semmelbröseln ausstreuen. Die Eier trennen und die Eiweiße steif schlagen.

Die Butter zerlassen und etwas abkühlen lassen. Eigelbe mit Zucker und Salz schaumig quirlen. Das Mehl unterrühren, anschließend die flüssige Butter einrühren. Den Eischnee daraufgeben und unterheben. Auf das Backblech streichen. Die Birnen waschen, schälen, halbieren, die Kerngehäuse entfernen und die Birnenhälften längs in Scheiben schneiden. Den Teig damit belegen.

Zucker, Butter, Mehl, gemahlene Mandeln und Marzipanrohmasse zu dicken Streuseln zerkrümeln. Über den Birnen verteilen und den Kuchen 40–50 Minuten backen.

Zubereitungszeit: ca. 40 Minuten (plus Backzeit)

Pro Stück ca. 322 kcal/1348 kJ

Rhabarber-kuchen

Für ca. 20 Stücke: für den Teig 5 Eier, 200 g Butter, 225 g Zucker, 1 Prise Salz, 250 g Mehl, für den Belag 1,5 kg Rhabarber, 5 El Himbeersirup, 200 g kalte Marzipanrohmasse, 1 Eigelb, 100 g Crème fraîche, für die Streusel 150 g Butter, 150 g Mehl, 150 g Zucker, 1 P. Vanillezucker, 1 Prise Salz, außerdem Butter und Mehl für das Blech, Puderzucker zum Bestäuben

Für den Belag den Rhabarber waschen, putzen und in Stücke schneiden. Himbeersirup mit dem Rhabarber vermengen und ca. 10 Minuten ziehen lassen. Abgießen und abtropfen lassen.

Den Backofen auf 200 °C vorheizen. Ein tiefes Backblech einfetten und mit Mehl ausstäuben. Für den Teig die Eier trennen und die Eiweiße steif schlagen. Die Butter schmelzen und etwas abkühlen lassen. Eigelbe mit Zucker und Salz schaumig quirlen. Das Mehl unterrühren, anschließend die flüssige Butter einrühren. Den Eischnee daraufgeben und unterheben. Den Teig auf das Blech streichen. Den Kuchen ca. 10 Minuten vorbacken.

Das Marzipan grob raffeln. Eigelb und Crème fraîche dazugeben und alles verquirlen. Alle Streuselzutaten vermischen und zu mittelgroßen Streuseln krümeln. Die Marzipancreme mit einem Löffel vorsichtig auf den vorgebackenen Teigboden streichen. Erst die Rhabarberstücke, dann die Streusel darauf verteilen. Den Kuchen 25–30 Minuten backen. Mit Puderzucker bestäubt servieren.

Zubereitungszeit: ca. 45 Minuten (plus Backzeit)

Pro Stück ca. 345 kcal/1444 kJ

Mascarpone-Streuselkuchen

Für ca. 20 Stücke: für den Teig 500 g Mehl, 300 g Butter, 175 g Zucker 3 P. Vanillezucker, 1 Ei, für den Belag 7 Eier, Salz, 250 g Zucker, 1 kg Magerquark, 750 g Mascarpone, Saft und abgeriebene Schale von 1 unbehandelten Zitrone, 2 P. Vanillepuddingpulver, außerdem Mehl für die Arbeitsfläche, Butter für den Backrahmen

Für den Teig alle Zutaten glatt verkneten. In Folie gewickelt ca. 1 Stunde kühl stellen. Den Backofen auf 200 °C vorheizen, ein Backblech mit Backpapier belegen und einen gebutterten Rahmen darumstellen.

Für den Belag die Eier trennen. Eiweiße mit Salz steif schlagen. Eigelbe mit Zucker dick-schaumig schlagen. Quark, Mascarpone, Zitronenschale und -saft sowie das Vanillepuddingpulver unterrühren. Eischnee unterheben.

2/3 des Teiges auf einer bemehlten Arbeitsfläche ausrollen. Blech und Rahmen damit auskleiden. Die Quarkmasse darauf verteilen und den restlichen Teig als Streusel daraufstreuen. Auf der mittleren Schiene ca. 55 Minuten.

Zubereitungszeit:
ca. 30 Minuten
(plus Kühl- und Backzeit)

Pro Stück ca. 444 kcal/1859 kJ

Tipp
Rühren Sie auch einmal 100 g Mandelstifte unter die Mohnmasse. Lecker!

Mohn-streusel

Für ca. 20 Stücke: für den Teig 200 g Quark (Magerstufe), 5 El Milch, 6 El Sonnenblumen- oder Rapsöl, 80 g Zucker, 1 Prise Salz, 350 g Mehl, 1 P. Backpulver, für den Belag 375 ml Milch, 250 g gemahlener Mohn, 70 g Zucker, 1 Prise Salz, 30 g Butter, 50 g Rosinen, 1 Ei, 1 Eigelb, 50 g Speisestärke, 100 g Marzipanrohmasse, für die Streusel 200 g Butter, 250 g Mehl, 200 g Zucker, 1 Prise Salz, 1 Msp. Zimt, 1 Eigelb, außerdem Mehl für die Arbeitsfläche, Butter für das Backblech

Für den Teig den Quark in ein Sieb geben und ca. 30 Minuten abtropfen lassen. Mit Milch, Öl, Zucker, Salz, Mehl und Backpulver in eine Schüssel geben. Alles zu einem glatten Teig verkneten.

Für den Belag 250 ml Milch, Mohn, Zucker, Salz, Butter und Rosinen unter Rühren aufkochen. Vom Herd nehmen und ca. 10 Minuten quellen lassen.

Das Ei trennen. Beide Eigelbe mit der Speisestärke und der restlichen Milch in einer Rührschüssel mit den Rührbesen des Handrührgeräts verquirlen. Zur Mohnmischung gießen. Das Marzipan würfeln und mit den Eiweißen vermengen. In die Mohnmischung rühren und alles abkühlen lassen.

Den Backofen auf 200 °C vorheizen. Das Backblech einfetten. Für die Streusel alle Streuselzutaten verkneten. Den Teig auf einer bemehlten Arbeitsfläche ausrollen. Auf das Backblech legen. Die Mohnmasse daraufgeben und glatt streichen. Die Streusel darüberstreuen. Auf der mittleren Schiene ca. 45 Minuten backen.

*Zubereitungszeit:
ca. 40 Minuten
(plus Back-, Ruhe- und Abkühlzeit)*

Pro Stück ca. 340 kcal/1424 kJ

Schlesischer Quarkkuchen

Für ca. 20 Stücke: für die Streusel 200 g Mehl, 200 g weiche Butter, 200 g Zucker, 1 TL Zimt, für den Hefeteig 375 g Mehl, 1 Würfel frische Hefe, 125 ml lauwarme Milch, 50 g Zucker, 1 Ei, 75 g weiche Butter, 1 Prise Salz, für den Belag 1500 g Zwetschgen, 3 Eier, Salz, 120 g Zucker, 500 g Magerquark, 200 g Schmand, abgeriebene Schale von 1 unbehandelten Zitrone, 1 P. Vanillepuddingpulver, 60 g zerlassene Butter

Für die Streusel alle Zutaten zu einem glatten Teig verkneten. In Frischhaltefolie wickeln und bis zur Weiterverarbeitung in den Kühlschrank legen.

Ein Backblech mit hohem Rand mit Backpapier auslegen. Für den Hefeteig das Mehl in eine Schüssel sieben. Eine Mulde hineinformen und die Hefe hineinbröckeln. Milch und 1 Esslöffel Zucker zugeben, mit der Hefe verrühren und die Mischung mit etwas Mehl vom Rand bestäuben. Die Schüssel abdecken und etwa 15 Minuten an einem warmen Ort gehen lassen. Dann die restlichen Teigzutaten rasch unterkneten, den Teig zu einer Kugel formen und in der abgedeckten Schüssel weitere 60 Minuten gehen lassen, bis sich der Teig etwa verdoppelt hat.

Die Zwetschgen waschen, trocken tupfen, halbieren und entsteinen. Für die Quarkfüllung die Eier trennen und Eiweiße mit 1 Prise Salz steif schlagen. Eigelbe mit dem Zucker schaumig rühren, Quark und Schmand unterrühren, dann Zitronenabrieb, Puddingpulver und Butter unterrühren. Zuletzt den Eischnee unterheben.

Den Backofen auf 180 °C vorheizen. Den Hefeteig durchkneten, dann auf dem Backblech ausrollen. Zunächst die Quarkmasse, dann die Zwetschgen darauf verteilen. Den Streuselteig über die Zwetschgen bröseln und den Kuchen im Ofen 45–55 Minuten backen.

Zubereitungszeit:
ca. 1 Stunde 10 Minuten
(plus Back- und Gehzeit)

Pro Stück ca. 493 kcal/2064 kJ

Klassischer Streuselkuchen

***Für ca. 20 Stücke:** für den Teig 220 ml Milch, 1 Würfel Hefe (42 g), 60 g Zucker, 500 g Mehl (Type 550), 1 Prise Salz, 2 zimmerwarme Eier, 50 g Butter, für die Streusel, 150 g Butter, 300 g Mehl, 150 g Zucker, 1 Eigelb, 1 Msp. Zimt, außerdem Mehl für die Arbeitsfläche, weiche Butter für das Backblech*

Die Hälfte der Milch in einem Topf leicht erwärmen. Die Hefe hineinbröckeln und mit 1 Teelöffel Zucker und 2 Esslöffeln Mehl zu einem glatten Brei verrühren. Die Hefemischung abdecken und ca. 15 Minuten ruhen lassen.

Das restliche Mehl in eine Schüssel sieben. Mit restlichem Zucker und Salz verrühren. Die Eier hinzugeben. Die Butter zerlassen und lauwarm dazugießen. Die Hefemischung dazugeben. Die restliche Milch lauwarm dazugießen. Alles verkneten. Falls der Teig klebt, etwas Mehl dazugeben. Die Schüssel abgedeckt an einem warmen Ort ca. 1 Stunde gehen lassen.

Für die Streusel die Butter zerlassen und lauwarm abkühlen lassen. Die anderen Streuselzutaten in eine Schüssel geben und vermischen. Die Butter unter ständigem Rühren mit einer Gabel langsam in dünnem Strahl zugeben. Mit der Gabel rühren (nicht kneten!), sodass Streusel in der gewünschten Größe entstehen.

Den Backofen auf 190°C vorheizen. Das Backblech einfetten. Den Teig durchkneten und auf einer bemehlten Arbeitsfläche ausrollen. Auf das Blech legen und mit den Streuseln bestreuen. Weitere 15 Minuten gehen lassen. Auf der mittleren Schiene ca. 25 Minuten backen, bis die Streusel goldbraun sind.

Zubereitungszeit:
ca. 30 Minuten
(plus Back- und Gehzeit)

Pro Stück ca. 269 kcal/1126 kJ

Tipp
Bestreichen Sie den Hefeteig zusätzlich mit 250g Aprikosenkonfitüre. Lecker!

Rhabarber-Crumble

***Für ca. 20 Stücke** 700 g Mehl, ½ P. Backpulver, 380 g Zucker, 2. P. Vanillezucker, 350 g Butter, 1 Ei, 1 Eigelb, 1 kg Rhabarber, 80 g geh. Mandeln*

Mehl mit Backpulver mischen und in eine Schüssel sieben. Zucker, Vanillezucker, die Butter in Stücken, Ei und Eigelb hinzugeben. Alles zu Streuseln kneten. Den Backofen auf 180°C vorheizen, ein tiefes Backblech mit Backpapier belegen.

Rhabarber waschen, trocknen, putzen und würfeln. ⅔ der Streusel auf das Blech streuen und festdrücken. Auf der mittleren Schiene ca. 10 Minuten vorbacken. Herausnehmen und abkühlen lassen. Den Rhabarber auf dem Teig verteilen. Die restlichen Streusel mit den Mandeln darüber verteilen. Weitere 25–30 Minuten backen.

Zubereitungszeit:
ca. 25 Minuten
(plus Backzeit)

Pro Stück ca. 371 kcal/1559 kJ

Spezialitäten für Naschkatzen

Manchmal muss es einfach mehr sein. Mehr Schokolade. Mehr Sahne. Mehr Creme. Lassen Sie sich an diesen besonderen Tagen von unseren Kreationen verführen. Ihr Kaffeeklatsch wird garantiert in zartester Erinnerung bleiben.

Stracciatella-Creme-Kuchen

Für ca. 24 Stücke: 1200 g frische Sauerkirschen, 75 g dunkle Schokolade (80 % Kakaoanteil), 5 Eier, 1 Prise Salz, 175 g Zucker, 100 g Mehl, 1 Tl Backpulver, 75 g Speisestärke, 600 ml Sahne, 100 g dunkle Schokolade (60-70 % Kakaoanteil), 9 Blatt Gelatine, 900 g Joghurt, außerdem Zucker zum Stürzen

Die Sauerkirschen waschen, trocken tupfen, entsteinen und auf Küchenpapier beiseitestellen. Backofen auf 180 °C vorheizen. Die Schokolade (80 % Kakaoanteil) im warmen Wasserbad schmelzen. Eier trennen, Eigelbe beiseitestellen. Eiweiße mit Salz zu steifem Schnee schlagen, dann den Zucker einrieseln lassen. So lange schlagen, bis sich der Zucker vollständig aufgelöst hat. Verquirlte Eigelbe und flüssige Schokolade langsam einrühren. Mehl, Backpulver und Speisestärke vermischen, über die Schokoladenmasse sieben und unterheben.

Ein Backblech mit Backpapier auslegen. Den Teig daraufstreichen und ca. 12 Minuten backen. Ein Geschirrtuch mit Zucker bestreuen und den Kuchen sofort nach dem Backen daraufstürzen. Das Backpapier abziehen, dann wieder auf den Kuchen legen. Kuchen auskühlen lassen. Den Biskuit zurück auf das Backblech legen, einen Backrahmen darumlegen. Die Kirschen darauf verteilen.

Für die Creme die Sahne steif schlagen, die Schokolade (60–70 % Kakaoanteil) raspeln und unter die Sahne mischen. Gelatine in kaltem Wasser einweichen, ausdrücken und bei geringer Hitze auflösen. 8 Löffel Joghurt unter die Gelatine rühren, diese Mischung dann unter den restlichen Joghurt rühren. Die Schokosahne vorsichtig unterziehen. Die Joghurtmasse auf den Kuchen streichen. Bis zum Servieren mindestens 3 Stunden kalt stellen.

Zubereitungszeit:
ca. 45 Minuten
(plus Back- und Kühlzeit)

Pro Stück ca. 250 kcal/1047 kJ

Sachertorte vom Blech

***Für 12 Stücke:** für den Rührteig 200 g Zartbitterschokolade, 8 Eier, 1 Prise Salz, 170 g zimmerwarme Butter, 150 g Zucker, 170 g Mehl, 1 Tl Backpulver, 30 g Puderzucker, außerdem 300 g Himbeeren, 200 g Himbeerkonfitüre, 300 g Zartbitterkuvertüre*

Ein Backblech mit Backpapier auslegen. Den Ofen auf 175 °C vorheizen. Die Schokolade grob hacken. Im heißen Wasserbad schmelzen, dann aus dem Wasserbad nehmen. Die Eier trennen. Eiweiße mit 1 Prise Salz steif schlagen, den Vanillezucker einrieseln lassen und so lange weiterschlagen, bis sich erneut steife Spitzen bilden. Kühl stellen.

Butter mit Zucker schaumig schlagen. Eigelbe nach und nach unterrühren, dann die gerade noch flüssige Schokolade. Mehl mit Backpulver mischen, auf die Eigelbmischung sieben und unterrühren. 1/3 Eischnee unterheben, dann den Rest. Teig auf das Backblech gießen, glatt streichen und auf der mittleren Schiene ca. 25 Minuten backen. Herausnehmen und abkühlen lassen.

Die Himbeeren waschen und vollständig trocken tupfen. Die Teigplatte quer halbieren. Eine Teigplatte mit Himbeerkonfitüre bestreichen. Die andere daraufsetzen. Die Kuvertüre hacken, im Wasserbad schmelzen und den Kuchen damit vollständig überziehen. Auf die noch weiche Kuvertüre die Himbeeren setzen. Kuvertüre erstarren lassen und mit geschlagener Sahne servieren.

Zubereitungszeit:
ca. 40 Minuten
(plus Backzeit)

Pro Stück ca. 537 kcal/2248 kJ

Schoko-Mascarpone-Kuchen

Für ca. 20 Stücke: für den Teig 250 g zimmerwarme Butter, 200 g Zucker, 1 P. Vanillezucker, 1 Prise Salz, 6 Eier, 350 g Mehl, 1 P. Backpulver, 30 g Kakaopulver, für den Belag 1 kg gemischte Beeren, 500 g Mascarpone, 250 g Magerquark, 100 g Zucker, 1 P. Vanillezucker, Saft von ½ Zitrone, für den Guss 2 P. Tortenguss, 40 g Zucker, außerdem weiche Butter und Mehl für das Backblech

Das Backblech einfetten und mit Mehl ausstäuben. Den Backofen auf 175 °C vorheizen. Für den Teig Butter mit Zucker, Vanillezucker und Salz schaumig rühren. Nach und nach die Eier unterrühren. Das Mehl mit dem Backpulver und dem Kakaopulver mischen und über die Eiercreme sieben. Zügig unterrühren. Den Teig auf dem Backblech verteilen, glatt streichen und auf der mittleren Schiene ca. 30 Minuten backen. Aus dem Ofen nehmen und abkühlen lassen.

Für den Belag die Beeren abbrausen, verlesen und trocken tupfen. Mascarpone mit Quark, Zucker, Vanillezucker und Zitronensaft verquirlen. Auf dem Kuchen verstreichen. Die Beeren auf dem Belag verteilen. Den Tortenguss mit dem Zucker und mit 500 ml Wasser unter Rühren aufkochen. Den Guss mit einem Esslöffel gleichmäßig auf den Beeren verteilen. Mindestens 1 Stunde kühl stellen.

Zubereitungszeit:
ca. 30 Minuten
(plus Back- und Kühlzeit)

Pro Stück ca. 375 kcal/1576 kJ

Tipp
Lecker schmecken auch Birnenschnitze, die unter der Creme auf dem Teig verteilt werden.

Russischer Zupfkuchen

Für ca. 20 Stücke: für den Teig 400 g Mehl, 1 P. Backpulver, 200 g kalte Butter, 200 g Zucker, 2 Eier, 40 g Kakaopulver; für die Quarkmasse 400 g Butter, 400 g Zucker, 10 Eier, 1 kg Magerquark, 2 P. Vanillepuddingpulver, 2 P. Vanillezucker, 1 Prise Salz, außerdem weiche Butter für die Form, Mehl für die Arbeitsfläche

Für den Teig das Mehl mit Backpulver vermischen und in eine Schüssel sieben. Die Butter in Flöckchen darübergeben. Zucker, Eier und Kakaopulver dazugeben und alles zu einem glatten Teig verkneten. Zur Kugel rollen und in Folie wickeln. Für mindestens 30 Minuten im Kühlschrank ruhen lassen.

Für die Quarkmasse Butter und Zucker schaumig quirlen. Die Eier trennen. Eigelbe nach und nach zur Butter geben, dabei ständig weiterquirlen. Auf der kleinsten Stufe schließlich den Quark, das Vanillepuddingpulver und den Vanillezucker unterrühren. Eiweiße mit Salz steif schlagen und unter die Quarkmasse heben.

Den Backofen auf 180 °C vorheizen. Ein Backblech einfetten und einen gefetteten Backrahmen darumstellen. Etwas mehr als die Hälfte des Teiges auf einer bemehlten Arbeitsfläche ausrollen. Den Teig auf das Blech legen und dabei einen Rand formen. Die Füllung auf den Teigboden geben und glatt streichen. Den restlichen Teig in Stücke zupfen und auf die Füllung streuen. Auf der mittleren Schiene ca. 55 Minuten backen und auf dem Blech auskühlen lassen.

Zubereitungszeit:
ca. 50 Minuten
(plus Back- und Kühlzeit)

Pro Stück ca. 440 kcal/1842 kJ

Cremiger Schmandkuchen

***Für ca. 20 Stücke:** für den Teig 5 Eier, 190 g Butter, 225 g Zucker, 100 ml Orangenlimonade, 1 Prise Salz, 225 g Mehl, für den Belag 450 g Pflaumenmus, 600 g Schmand, 3 P. Vanillezucker, 500 ml Sahne, 3 P. Sahnesteif, außerdem Butter für das Blech, Zimt nach Belieben zum Bestreuen*

Den Backofen auf 175 °C vorheizen. Ein Backblech einfetten. Die Eier trennen und die Eiweiße steif schlagen. Bis zur weiteren Verwendung kalt stellen.

Die Butter zerlassen und etwas abkühlen lassen.
Eigelbe mit Zucker, Orangenlimonade und Salz schaumig rühren. Das Mehl unterrühren, anschließend die flüssige Butter einrühren. Den Eischnee auf den Teig geben und unterheben.

Den Teig auf das Blech streichen und auf der mittleren Schiene ca. 25 Minuten backen. Auf einem Kuchengitter abkühlen lassen.

Den Kuchen mit dem Pflaumenmus bestreichen. Schmand mit dem Vanillezucker glatt rühren. Sahne mit Sahnesteif steif schlagen und unter den Schmand heben. Die Schmandsahne auf den Kuchen streichen. Den Kuchen ca. 2 Stunden kalt stellen. Mit Zimt bestreut servieren.

Zubereitungszeit:
ca. 25 Minuten
(plus Back- und Abkühlzeit)

Pro Stück ca. 381 kcal/1595 kJ

Kirschkuchen

Für ca. 20 Stücke: für den Teig 220 ml Milch, 30 g Hefe, 220 g Zucker, 500 g Mehl (Type 550), 80 g Butter, 1 zimmerwarmes Ei, 1 Prise Salz, für den Belag 1 kg Sauerkirschen, für die Puddingcreme 500 ml Milch, 50 g Zucker, 1 P. Vanillepuddingpulver, 1 Ei, 1 Eigelb, für die Schmandcreme 250 g Schmand, 50 g Zucker, 2 P. Vanillezucker, 3 Eier, außerdem Mehl für die Arbeitsfläche, weiche Butter für das Backblech, 4 El brauner Zucker zum Bestreuen

Für den Teig die Milch leicht erwärmen. 10 Esslöffel in eine Schüssel geben und die Hefe hineinbröckeln. 1 Teelöffel Zucker und 1 Esslöffel Mehl unterrühren. Alles glatt rühren. Abdecken und ca. 15 Minuten ruhen lassen. Das restliche Mehl in eine Schüssel sieben und den Vorteig dazugeben. Die Butter zerlassen. Die restliche lauwarme Milch, die lauwarme Butter, den restlichen Zucker, das Ei und Salz dazugeben. Alles glatt verkneten. Mit einem feuchten Tuch bedeckt an einem warmen Ort ca. 1 Stunde gehen lassen.

Für den Belag die Sauerkirschen waschen, trocken tupfen und entsteinen. Für die Puddingcreme 5 Esslöffel Milch mit dem Zucker und dem Puddingpulver glatt rühren. Die restliche Milch aufkochen. Das angerührte Puddingpulver in die kochende Milch gießen, dabei ständig umrühren. Einmal aufkochen lassen, dann von der Herdplatte ziehen. Ei und Eigelb unter die noch heiße Puddingmasse rühren.

Den Hefeteig durchkneten und ein Backblech mit etwas Butter einfetten. Den Teig auf einer bemehlten Arbeitsfläche ausrollen, das Blech damit belegen.

Den Backofen auf 180 °C vorheizen. Die noch warme Puddingcreme auf den Teigboden streichen. Die Sauerkirschen darauf verteilen. Für den Guss den Schmand mit Zucker und Vanillezucker mischen. Die Eier trennen. Eigelbe zum Schmand geben und verrühren. Eiweiße steif schlagen und unterheben. Über den Sauerkirschen verteilen. Den Kuchen auf der unteren Schiene ca. 45 Minuten backen. Den noch heißen Kuchen mit braunem Zucker bestreuen.

Zubereitungszeit:
ca. 40 Minuten
(plus Back-, Geh- und Abkühlzeit)

Pro Stück ca. 270 kcal/1130 kJ

Amarettokuchen

Für ca. 20 Stücke: für den Teig 800 g Kirschen, ½ Vanilleschote, 150 g Amarettini, 6 Eier, 1 Prise Salz, 200 g Zucker, 250 g zimmerwarme Butter, 400 g Mehl, ½ P. Backpulver, 80 g gem. Mandeln, 6 El Amaretto, für die Creme 6 Blatt Gelatine, 2 Eiweiß, 1 Prise Salz, 120 g Zucker, 200 ml Sahne, 4 Eigelb, 300 g Mascarpone, 80 ml Amaretto, außerdem Fett für das Blech, geriebene weiße Schokolade zum Servieren

Für den Teig die Kirschen waschen, trocken tupfen und entsteinen. Die halbe Vanilleschote mit einem Messer aufschlitzen und das Mark herauskratzen. Die Amarettini grob zerkleinern. Das Backblech mit Backpapier auslegen. Den Backofen auf 150°C vorheizen.

Die Eier trennen. Eiweiße mit 1 Prise Salz und 50 g Zucker steif schlagen. Kühl stellen. Die Butter mit dem restlichen Zucker schaumig rühren. Nach und nach die Eigelbe unterquirlen. Nun das Vanillemark, die Mandeln und den Amaretto unterrühren. Das Mehl mit Backpulver dazusieben. Dann den Eischnee unterheben. Die Kirschen und Amarettini unterheben. Auf das Backblech füllen und glatt streichen. Auf der mittleren Einschubleiste ca. 40 Minuten backen. Herausnehmen und abkühlen lassen.

Die Gelatine nach Packungsanweisung in kaltem Wasser einweichen. Eiweiße mit 1 Prise Salz und 20 g Zucker steif schlagen. Kühl stellen. Die Sahne steif schlagen. Den restlichen Zucker mit den Eigelben hellgelb aufschlagen. Den Mascarpone dazugeben und alles verquirlen.

Den Amaretto erwärmen, die Gelatine darin auflösen. 2 Esslöffel Mascarponecreme zur Gelatine geben und verrühren, dann diese Mischung unter die Mascarponecreme rühren. Eischnee und Sahne unterheben. Die Creme über den Kuchen streichen und mindestens 2 Stunden kühl stellen. Mit weißer Schokolade bestäubt servieren.

Zubereitungszeit:
ca. 50 Minuten
(plus Back- und Kühlzeit)

Pro Stück ca. 455 kcal/1913 kJ

Erdbeerkuchen

***Für 20 Stücke: für den Teig** 5 Eier, 1 Prise Salz, 150 g Zucker, 150 ml Buttermilch, 150 ml Kokosmilch, 200 ml Rapsöl, Saft und abgeriebene Schale von 1 unbehandelten Zitrone, 300 g Mehl, ½ P. Backpulver, 100 g Kokosraspel, **für den Belag** 1 kg Erdbeeren, 150 g Erdbeermarmelade, 500 g Quark (20 %), 40 g Puderzucker, 250 ml Sahne, 1 P. Vanillezucker, 1 P. Sahnesteif, 100 g frische Kokosnuss*

Ein Backblech mit Backpapier auslegen, den Backofen auf 180 °C vorheizen. Die Eier mit Salz und Zucker mindestens 10 Minuten schaumig rühren. Dann Buttermilch, Kokosmilch, Rapsöl und Zitronensaft dazurühren. Mehl mit Backpulver mischen, über die Eiermasse sieben. Bis auf 4 Esslöffel die Kokosraspel ebenfalls zur Eiermasse geben, dann alles unterrühren. Die zurückbehaltenen Kokosraspel auf dem Backpapier verteilen, dann den Teig darübergeben. Alles im Ofen ca. 25 Minuten backen, herausnehmen und abkühlen lassen.

Die Erdbeeren waschen, trocknen und putzen. 100 g davon mit der Marmelade pürieren, den Rest in Scheiben schneiden. Quark mit Puderzucker, Zitronenschale und -saft verrühren, die Sahne mit Vanillezucker und Sahnesteif steif schlagen. Sahne unter die Quarkmasse heben, alles auf dem Teig verteilen. Die Erdbeermarmelade daraufgeben, dann die Erdbeerscheiben auf dem Kuchen verteilen. Die frische Kokosnuss in dünne Streifen hobeln, diese auf den Erdbeeren verteilen und den Kuchen bis zum Servieren kühl stellen.

Zubereitungszeit:
ca. 50 Minuten
(plus Back- und Abkühlzeit)

Pro Stück ca. 330 kcal/1382 kJ

Knusper-schnitten

Für ca. 16 Stücke: für den Boden 300 g weiße Kuvertüre, 25 g Butter, 125 g Cornflakes, für den Belag 1 Glas Mirabellen (720 ml), 500 g Mascarpone, 500 g Magerquark, 75 g feiner Zucker, 1 P. Vanillezucker, ½ unbehandelte Zitrone (abgeriebene Schale und 2 El Saft), Butter für die Form

Einen Backrahmen auf 24 x 24 cm stellen, leicht fetten und mit Backpapier auslegen. Die Kuvertüre hacken und mit der Butter schmelzen. Die Cornflakes zugeben und die Zutaten gut vermengen. Ein Viertel der Masse abnehmen. 8 kleine Häufchen auf ein Stück Backpapier setzen und trocknen lassen. Die restliche Masse in die vorbereitete Backform geben und andrücken. Ca. 1 Stunde in den Kühlschrank stellen.

Mirabellen in ein Sieb schütten und abtropfen lassen. Einige Mirabellen zum Garnieren beiseitelegen. Mascarpone, Quark, Zucker, Vanillezucker, Zitronenschale und -saft cremig rühren. ⅓ der Creme auf den vorbereiteten Boden geben und glatt verstreichen. Die abgetropften Mirabellen darauf verteilen. Die restliche Creme daraufgeben und verstreichen und den Kuchen mindestens 4 Stunden kalt stellen.

Den Backrahmen lösen, den Kuchen in Schnitten schneiden und mit den restlichen Mirabellen garnieren. Knusperhäufchen etwas zerkleinern und auf die Schnitten streuen.

Zubereitungszeit: ca. 40 Minuten (plus Kühlzeit)

Pro Stück ca. 342 kcal/1440 kJ

Bienenstich

Für ca. 20 Stücke: für den Teig 200 ml Milch, 500 g Mehl, 30 g frische Hefe, 75 g Zucker, 75 g Butter, Salz, 1 Ei, für den Belag 100 g Butter, 150 g Zucker, 1 P. Vanillezucker, 3 El Milch, 200 g Mandelblättchen, für die Füllung 2 Eigelb, 2 El Zucker, 90 g Speisestärke, 1 l Milch, 80 g Puderzucker, 1 P. Vanillezucker, 150 g Butter, außerdem Fett für das Blech

Milch erwärmen. Mehl in eine Schüssel sieben. In die Mitte eine Mulde drücken. Hefe hineinbröckeln. 1/2 Tl Zucker darüberstreuen. Die Hefe mit etwas lauwarmer Milch und etwas Mehl vom Rand zu einem Brei verrühren. Etwas Mehl darüberstäuben. Etwa 10 Minuten zugedeckt an einem warmen Ort gehen lassen.

Butter in der Milch zerlassen und etwas abkühlen lassen. Den restlichen Zucker und die lauwarme Flüssigkeit mit 1 Prise Salz und dem Ei zu dem Teig geben und verkneten. Teig in die Schüssel geben und mit einem Küchentuch bedeckt an einem warmen Ort etwa 60 Minuten gehen lassen. Teig noch einmal durchkneten. Backblech einfetten und den Teig darauf ausrollen. Backofen auf 200 °C vorheizen.

Für den Belag die Butter zusammen mit Zucker, Vanillezucker und Milch in einem Topf zerlassen. Mandeln unterrühren und alles aufkochen. Etwas abkühlen lassen und auf den Teig streichen. Den Teig nochmals etwa 10 Minuten an einem warmen Ort gehen lassen. Dann 15–20 Minuten auf der mittleren Schiene backen. Abkühlen lassen, vierteln und jedes Viertel waagerecht durchschneiden.

Für die Füllung Eigelbe mit 1 Esslöffel Zucker und der Speisestärke vermischen. 250 ml Milch zugießen und unterrühren. Restliche Milch mit restlichem Zucker, Puderzucker und Vanillezucker aufkochen. Topf von der Herdplatte ziehen und die Eigelbmischung unter ständigem Rühren in die heiße Milch einrühren. Erneut unter Rühren aufkochen lassen. Vom Herd nehmen und unter mehrmaligem Rühren auf Zimmertemperatur abkühlen lassen. Weiche Butter schaumig rühren. Erst einen Teil, dann den Rest unter die Creme rühren. Den Kuchen mit der Creme füllen.

Zubereitungszeit:
ca. 40 Minuten
(plus Back- und Gehzeit)

Pro Stück ca. 391 kcal/1643 kJ

Donauwellen

Für ca. 20 Stücke: für den Teig 250 g Butter, 180 g Zucker, 1 Prise Salz, 6 Eier, 400 g Mehl, 3 Tl Backpulver, ca. 80 ml Milch, 2 El Kakaopulver, 2 El Rum, für die Buttercreme 500 ml Milch, 1 P. Vanillepuddingpulver, 1 El Zucker, 200 g zimmerwarme Butter, 50 g Puderzucker, für den Belag 2 Gläser Sauerkirschen (Abtropfgewicht 350 g), für den Guss 300 g Zartbitterkuvertüre, 40 g Kokosfett, außerdem Butter und Mehl für das Backblech

Das Backblech einfetten und mit Mehl ausstäuben. Den Backofen auf 180 °C vorheizen. Die Kirschen in ein Sieb geben und abtropfen lassen. Für den Teig die Butter mit Zucker und Salz schaumig rühren. Die Eier nach und nach darunterrühren. Das Mehl mit dem Backpulver mischen und mit der Milch unterrühren. Die Hälfte des Teiges auf das Backblech geben. Das Kakaopulver zusammen mit dem Rum unter den restlichen Teig rühren. Den dunklen Teig auf den hellen Teig streichen. Die abgetropften Kirschen darauf verteilen. Auf der mittleren Schiene ca. 30 Minuten backen, dann vollständig auskühlen lassen.

Für die Buttercreme von der Milch 5 Esslöffel abnehmen. Die restliche Milch aufkochen. Das Puddingpulver und den Zucker in die abgenommene Milch geben und alles glatt rühren. In die kochende Milch gießen. Vom Herd nehmen und abkühlen lassen. Ab und an umrühren.

Die Butter mit dem Puderzucker schaumig rühren. Den Pudding esslöffelweise unterrühren. Die Creme auf dem Kuchen verstreichen. Für den Guss die Kuvertüre in Stücke brechen und mit dem Kokosfett im heißen Wasserbad schmelzen. Abkühlen lassen, dann die gerade noch flüssige Kuvertüre auf den Kuchen gießen und wellenförmig verstreichen. Sobald die Kuvertüre erstarrt ist, den Kuchen mit Frischhaltefolie abdecken und in den Kühlschrank stellen.

Zubereitungszeit:
ca. 1 Stunde 10 Minuten
(plus Back- und Kühlzeit)

Pro Stück ca. 580 kcal/2428 kJ

Johannisbeer-Käseschnitten

Für ca. 20 Stücke: für den Teig 300 g Mehl, 1 P. Backpulver, 150 g Magerquark, 75 ml Milch, 75 ml Rapsöl, 75 g Zucker, 1 P. Vanillezucker, 1 Prise Salz, für den Belag 750 g rote Johannisbeeren, 750 g Magerquark, 300 g Zucker, 1 P. Vanillezucker, 6 Eier, 50 g Butter, 50 g Speisestärke, Salz, 100 g Mandelblättchen, außerdem Mehl für die Arbeitsfläche

Ein Backblech mit Backpapier auslegen, den Backofen auf 180 °C vorheizen. Mehl mit Backpulver vermengen, dann alle Zutaten für den Teig zügig miteinander verrühren. Den Teig auf einer bemehlten Arbeitsfläche ausrollen. Das Blech belegen und einen Backrahmen darumstellen.

Die Johannisbeeren waschen, abtropfen lassen, von den Rispen streifen und gegebenenfalls noch vorhandene Stiele entfernen. Quark mit 200 g Zucker, dem Vanillezucker, 3 Eiern und 3 Eigelb, der zerlassenen Butter und der Speisestärke zu einer glatten Masse rühren, dann die Johannisbeeren unterheben.

Die Frucht-Quark-Creme auf dem Teig verteilen, glatt streichen und ca. 30 Minuten backen. Nun die 3 verbliebenen Eiweiß mit 1 Prise Salz zu sehr steifem Schnee schlagen, den restlichen Zucker einrieseln lassen. Den Eischnee über den Kuchen streichen und die Mandelblättchen darüberstreuen. Weitere 5 Minuten backen, dann herausnehmen und abkühlen lassen.

Zubereitungszeit:
ca. 40 Minuten
(plus Backzeit)

Pro Stück ca. 281 kcal/1176 kJ

Nektarinen-Schnitten

Für ca. 20 Stücke: für den Boden 400 g Löffelbiskuits, 200 g Marzipan-Rohmasse, 250 g Butter, für den Belag 10 Nektarinen , 250 g Zucker, 12 Blatt Gelatine, 1 kg Vanillejoghurt, 2 El Zitronensaft, 500 ml Sahne, außerdem Kakaopulver zum Bestäuben

Die Löffelbiskuits zerbröseln, das Marzipan hacken, die Butter zerlassen. Alles miteinander vermengen. Ein Backblech mit Backpapier auslegen und einen Backrahmen darumstellen. Die Masse hineingeben und festdrücken. Ca. 30 Minuten kühl stellen.

Für den Belag die Nektarinen schälen. Die Steine entfernen und das Fruchtfleisch in Spalten schneiden. 100 ml Wasser mit 50 g Zucker aufkochen und die Nektarinenstücke darin ca. 2 Minuten dünsten. Abtropfen lassen.

Die Gelatine nach Packungsanweisung in kaltem Wasser einweichen. Den Vanillejoghurt mit restlichem Zucker und dem Zitronensaft verrühren. Die Gelatine tropfnass erwärmen, bis sie flüssig ist. 3 Esslöffel Joghurtmischung unterrühren, dann diese Mischung unter den restlichen Joghurt rühren. Die Sahne steif schlagen und unterheben.

$4/5$ der Nektarinen auf dem Keksboden verteilen. Die Joghurt-Sahne darübergeben. Alles abgedeckt mindestens 3 Stunden kühl stellen. Vor dem Servieren mit den restlichen Nektarinenspalten dekorieren und mit Kakaopulver bestäuben.

Zubereitungszeit: ca. 50 Minuten (plus Kühlzeit)

Pro Stück ca. 415 kcal/1743 kJ

Rezeptverzeichnis

Abkürzungen

cl = Centiliter
El = Esslöffel
FP = Fertigprodukt
g = Gramm
kcal = Kilokalorien
kg = Kilogramm
kJ = Kilojoule
l = Liter
ml = Milliliter
Msp. = Messerspitze
P. = Päckchen
TK = Tiefkühlprodukt
Tl = Teelöffel

Bildnachweis

Food Fotografie Michael Brauner: S. 7, 31, 65, 101

Fotolia.com: S. 2 + 105 (©DoraZett), S. 5 rechts (©Diana Talium), S. 11 (©EXT-REMFOTOS), S. 12 (©digitalfoto 105), S. 17 (©M. Schuppich), S. 18 (©Sascha Wilsrecht), S. 22 (©cohelia), S. 26 (©Otmar Smit), S. 28 (©HandmadePictures), S. 32 (©bally locci), S. 39 (©mico_images), S. 42 (©K.-U. Häßler), S. 46 (© LianeM), S. 48 (©davidundderriese), S. 55 (©Robert Kneschke), S. 58 (©kate_smirnova), S. 63 (©shaiith), S. 64 (©Stefan Gräf), S. 68 (©TwiglightArtPictures), S. 74 (©Oleksiy Drachenko), S. 77 rechts + 86 (©Diana Taliun), S. 80 (©kelly marken), S. 84 (©dp@pic), S. 92 (©mamial72), S. 98 (©Christian Müller), S. 100 (©focus finder), S. 108 (©Jürgen Flächle), S. 110 (© Africa Studio), S. 114 (© lidante), S. 117 (©sinuswelle), S. 122 (©Axel Jahns), S. 125 (©juefraphoto)

TLC Fotostudio: alle übrigen Rezeptfotos